알찬 삶을 가꾸는
그림책 수업 이야기

Humanist

머리말

그림책으로 아이들과 함께 살아가기

2006년 3월부터 시흥모임 선생님들이 뜻을 모아 그림책 수업을 시작했다. 오랫동안 그림책을 봐 왔던 터라 시작이 어렵지 않았다. 1년 동안 반 아이들과 그림책을 읽으며, 그림책의 재미는 물론 그림책의 힘을 느낄 수 있었다. 말로 하면 잔소리가 되는 것도, 말로 표현하기 어려운 것도 그림책을 통하면 술술 풀렸다. 이제 아이들은 그림책만 꺼내 보여도 그림책을 읽을 거라 생각하고 좋아한다. 그런 아이들을 보며 그동안 모은 자료를 묶어 많은 선생님과 나누면 좋겠다는 생각을 했다.

교실에는 '아이들'이 있고 '살아가기'라는 뜻이 들어 있다. 그렇기 때문에 선생님의 철학에 따라 아이들과 살아가는 모습이 다를 수밖에 없다. 선생님들의 개인적인 관심이나 흥미에 따라 어떤 틀을 정하게 마련이다. 그 틀이 국악이든, 영어든 아이들은 아홉 달 동안 그것을 자주 접하면서 자신을 좀 더 이해하고 드러낸다. 아직 그 틀을 정하지 못했거나 틀을 바꾸고 싶다면 '그림책'이라는 틀은 어떨까? 방법은 간단하다. 굳이 국어 시간이 아니어도 창의적 체험 활동 시간에 주제별로 그림책을 볼 수 있기 때문이다. 그림책 수업은 교과 공부와 묶지 않고도 풍성한 이야기를 쏟아 낼 수 있으며, 공부한다는 느낌 없이 공부 시간에 집중할 수 있게 한다.

달마다 주제를 정하고 그 주제에 맞는 그림책을 네 권씩 골라 봤다. 새 학년이 되는 3월에는 '시작'을 주제로 정했고, 4월(장애인의 날), 5월(가정의 달), 6월(한국전쟁), 9월(추석)은 그 달에 있는 중요한 날들에 초점을 맞췄다. 7월(환경), 10월(책), 11월(예술), 12월(고마움)은 세상을 살아가는 데 꼭 필요한 것들을 주제로 정했다. 각 달에 소개하는 그림책의 마지막 책은 그 달의 주제를 크게 담을 수 있는 것으로 골랐다.

　여기에 소개한 책 외에도 각 달의 주제에 맞는 그림책이 더 많을 것이다. 그런 그림책을 발견하고 또 다른 활동 이야기를 만들어 가는 것도 재미있는 일이 될 거라 생각한다. 주제에 맞춰 그림책을 본다는 게 쉬운 일이 아닐지도 모른다. 또 이렇게 계획을 세워 보는 것은 대단한 부지런함이 필요하다. 시흥모임 선생님들이 여러 선생님들과 나눠 보려는 뜻을 품고 이런저런 활동을 해 보았기 때문에 가능한 일이었다. 이렇게 밥상에 올라갈 재료들을 미리 손질도 해 놓고 간도 맞춰 놓았으니, 이제 밥상에 올릴 음식을 결정하는 것은 여러 선생님들의 몫이다.

　그림책 수업을 시작하면서 공부한 내용을 내보이고, 정리도 하고, 앞으로 더 힘차게 나아갈 힘도 얻고자 책을 낼 생각을 했다. 그 겁 없는 생각이 이렇게 결실을 맺게 된 데에는 많은 사람의 도움이 있었다. 별것도 아닌 것을 책으로 묶겠다고 했을 때 앞뒤에서 당기고 밀어 주신 전국초등국어교과모임의 여러 선생님들께 진심으로 감사의 말씀을 드린다. 즐겁게 그림책을 보고 깨달음을 얻으며 스스로 움직였던 많은 아이들에게 고마운 마음을 전한다.

2013년 11월
전국초등국어교과 시흥모임 '연꽃누리'

차례

아름다운 시작, 3월
- **하나** 틀리는 게 당연해! 《틀려도 괜찮아》 … 10
- **둘** 나누는 기쁨 《무지개 물고기》 … 16
- **셋** 재미있는 상상 놀이 《파란 의자》 … 21
- **넷** 함께해서 아름다운 《개구리네 한솥밥》 … 27

차별과 편견을 넘어서는, 4월
- **하나** 아들? 딸? 《딸은 좋다》 … 40
- **둘** 장애인과 더불어 살기 《길 아저씨 손 아저씨》 … 47
- **셋** 검정색, 흰색도 살색입니다 《사라, 버스를 타다》 … 56
- **넷** 서로 달라서 좋아요 《달라서 좋아요!》 … 62

식구들이 있어 행복한, 5월
- **하나** 아빠와 함께 《고릴라》 … 70
- **둘** 엄마, 힘내세요! 《돼지책》 … 75
- **셋** 너와 난 형제야! 《내 동생 싸게 팔아요》 … 80
- **넷** 나의 뿌리 《우리 할아버지》 … 87

평화를 만드는, 6월
- **하나** 전쟁을 넘어 평화로! 《왜?》 … 96
- **둘** 평화를 만드는 아이들 《새똥과 전쟁》 … 102
- **셋** 친구와 평화롭게 《우리는 친구》 … 112
- **넷** 평화란? 《평화는요,》 … 116

환경을 생각하는, 7월

- **하나** 물고기는 왜 사라질까? 《사라지는 물고기》   124
- **둘** 욕심을 버린 숲 《숲을 그냥 내버려 둬!》   132
- **셋** 알뜰 시장이 열렸어요! 《빨간 줄무늬 바지》   139
- **넷** 환경과 손잡고 《대머리 사막》   146

전통의 멋을 아는, 9월

- **하나** 신명 나는 우리 소리 《사물놀이 이야기》   154
- **둘** 한가위만 같아라! 《솔이의 추석 이야기》   160
- **셋** 아름다운 우리 옷 《설빔 : 여자아이 고운 옷》   168
- **넷** 알면 더 재미있는 우리 놀이 《사시사철 우리 놀이 우리 문화》   175

책 속으로 여행을 떠나는, 10월

- **하나** 읽기를 넘어서는 책 《아름다운 책》   182
- **둘** 꿈꾸게 하는 책 《책이 정말 좋아!》   189
- **셋** 나를 만드는 책 《난 무서운 늑대라구!》   195
- **넷** 내가 만드는 책 《책 먹는 여우》   202

예술을 만나는, 11월

- **하나** 음악과 그림의 만남 《노란 우산》   210
- **둘** 그림 놀이 《앤서니 브라운의 행복한 미술관》   217
- **셋** 우리도 짓는 특별한 시 《시인과 여우》   224
- **넷** 예술의 힘 《세상을 바꾼 두더지》   229

고마움을 전하는, 12월

- **하나** 안아 주세요 《오늘의 숙제는》   238
- **둘** 고마워! 고맙습니다! 《아주 놀라운 생일 선물》   245
- **셋** 이웃 사랑 이웃사촌 《이웃사촌》   252
- **넷** 우정의 고리 《행복을 전하는 편지》   258

아름다운 시작

3월

- 시작의 두 얼굴, 설렘과 두려움을 사뿐히 넘어요.
- 더 풍성해지는 나눔의 기쁨을 배워요.
- 남과 다른 나, 창의적인 사고로 자유롭게 시작해요.
- 함께하는 우리, 협동의 이유와 방법을 알아봐요.

하나
틀리는 게 당연해!

책 이야기

틀려도 괜찮아
마키타 신지 글 |
하세가와 토모코 그림 | 토토북

새 학기가 시작되면 아이들은 설렘과 두려움을 갖는다. 선생님은 어떤 분일지 궁금하기도 하고, 새 친구들과는 잘 사귈 수 있을지 걱정도 되고, 새로운 시작을 잘하기 위해 다짐도 한다.

이렇게 새로운 시작을 앞두고 함께 읽어 볼 만한 책이 《틀려도 괜찮아》다. 이 책은 아이들이 경험한 아픈 상처를 감싸 주고 용기를 준다는 점에서 첫 만남, 첫 시작을 열기에 좋은 책이다.

선생님이 발표를 시키는 순간 누구나 가슴이 쿵쾅거리고, 얼굴이 화끈거리고, 머릿속이 까맣게 된 경험들이 있을 것이다. 이 책은 그런 경험들을 사실적이면서도 재미있게 표현하였다. 표지에 그려진 선생님과 아이들의 익살스러운 표정만 봐도 빙그레 웃음이 나온다.

작가 마키타 신지는 처음부터 멋진 답을 말할 수 있는 건 아니라며, 시작을 두려워하는 아이들에게 용기를 준다. 틀려도 두려워하지 말고 자신 있게 말하라는 이야기와 더불어, 태어난 지 얼마 안 된 우리가 틀리는 건 당연하다고 이야기해 준다.

그림책을 읽다 보면 수줍음이 많은 아이들도 발표에 대한 자신감이 생길 것이다. 틀리는 게 두려워서, 놀림당할까 봐 겁이 나서 시도조차 해 보지 못하고 주눅 들어 있는 아이들과 함께 이 책을 읽어 보자. 그래서 괜찮은 나, 진짜 멋진 우리가 되어 보자.

1. 그림책을 보기 전에
- 우리 모두 다 함께 오늘 볼 그림책의 제목을 크게 외쳐 볼까요?
- 옆에 있는 친구의 어깨를 두드리며 다시 한 번 말해 보세요. "틀려도 괜찮아."라고요.
- 무엇이 틀려도 괜찮다는 것일까요?

2. 그림책을 보고 나서
- 책에서, 선생님이 발표를 시켰을 때의 심정을 어떻게 표현했나요?
- 발표해서 속상했을 때는 언제인가요? 무슨 이유로 어떻게 속상했는지 돌아가며 얘기해 볼까요?
- 발표해서 기분 좋았을 때는 언제인가요? 발표를 어떻게 했는지, 왜 기분이 좋았는지 돌아가며 얘기해 보세요.
- 여러분은 혹시 틀릴까 봐 또는 실패할까 봐 두려워서 시도조차 해 보지 못한 것들이 있나요?
- 오늘부터 우리 다 같이 틀려도 괜찮으니 한번 도전해 봅시다.

함께 보아요!

칠판 앞에 나가기 싫어

다니엘 포페트 글 | 베로니크 보아리 그림 | 비룡소

주인공 에르반은 발표가 있는 목요일 아침만 되면 학교에 가기 싫어 배가 아프다. 그런 에르반이 다른 사람을 도와주며 발표에 대한 두려움을 극복하게 된다.

 활동 이야기

다짐 실천판 만들기

교사 준비물 : 8절 도화지를 1/4로 잘라 인원수만큼 준비해 놓기
아동 준비물 : 색연필, 사인펜

- 새 학기를 시작하며 자신이 실천할 수 있는 것을 세 가지 정도 정해 다짐 실천판을 만들어 봅시다. 1년 이상 걸리는 긴 과제보다는 3월 한 달 내에 실천 가능한 것으로 하고, 실천할 수 있고 점검할 수 있도록 구체적으로 정해 보세요. 간단하고 쉬운 것이라도 좋겠지요(설거지, 날마다 책 30분 읽기, 이불 개기 등). 조금 어려운 것이라도 좋답니다. 잊지 않았죠? 틀려도 괜찮다는 걸요. 두려워하지 말고 정해 보세요.

다짐 실천판 앞표지(1쪽)

다짐 실천판 속(2~3쪽)

- 종이를 반 접어 1쪽에는 표지를 꾸미고, 2~3쪽에는 실천 내용과 실천 기록표가 들어갈 수 있도록 만드세요. 4쪽에는 실천이 끝난 뒤 느낌을 쓰겠습니다. (교실 뒤 게시판에 게시하여 아이들이 실천한 걸 표시할 수 있도록 한다.)
- 다 만들었나요? 그러면 모두미들 앞에서 발표해 보세요. 듣는 모두미들은 다 같이 "잘할 수 있을 거야!"라고 외치며 칭찬해 주세요.
- 우리 반 친구들 모두 열심히 도전해 보길 바랍니다. 무엇이든 시작하는 것이 중요하답니다. 실천이 끝난 한 달 뒤에는 소감문을 발표하겠습니다.

다짐 실천판 만들기

서로의 다짐을 발표하고 칭찬해 주기

작품 게시하기

이런 활동도 있어요!

◆ **발표 경험에 대한 글쓰기**

이제까지 발표가 왜 힘들었는지, 발표에 얽힌 긍정적인 기억과 부정적인 기억 등을 글로 써 보고 생각해 본다. (발표 경험을 공유하며 나만 힘든 것이 아님을 알고 용기를 얻을 수도 있고, 친구의 발표 성공 경험을 듣고 배울 수 있어서 좋다.)

◆ **거침없이 도전하기**

이제까지 남의 눈이 두려워서, 실패할까 두려워서 못했던 것들에 과감하게 도전해 본다. (혼자 밥 먹기, 혼자 영화 보기, 운동장에서 소리 질러 보기 등)

단, 남에게 피해를 준다거나 다른 사람의 권리를 침해하는 등의 비교육적인 일은 하지 않도록 교사의 섬세한 지도가 필요하다.

아이들의 다짐 실천판

나의 다짐을 잘 실천했는가?

나의 다짐은 '매일매일 부모님께 인사 올리기'였다. 그런데 매일 인사하는 게 그렇게 쉽지 않았다. 아빠는 일찍 출근하시고 엄마도 일찍 출근하시니 일곱 시 전에 일어나야만 나가실 때 겨우 인사를 할 수 있기 때문에 늦잠을 자게 되면 얼굴 보기도 쉽지 않다. 그래서 빨리 일어난 날만 인사를 할 수 있다. 그래도 내가 예상한 것보다는 일찍 일어나서 인사한 날이 꽤 많았다. 또 엄마 아빠가 집에 있어도 깜빡해서 못하는 경우도 있었다. 인사하는 게 이렇게 어려울 줄은 몰랐다.

-최지현

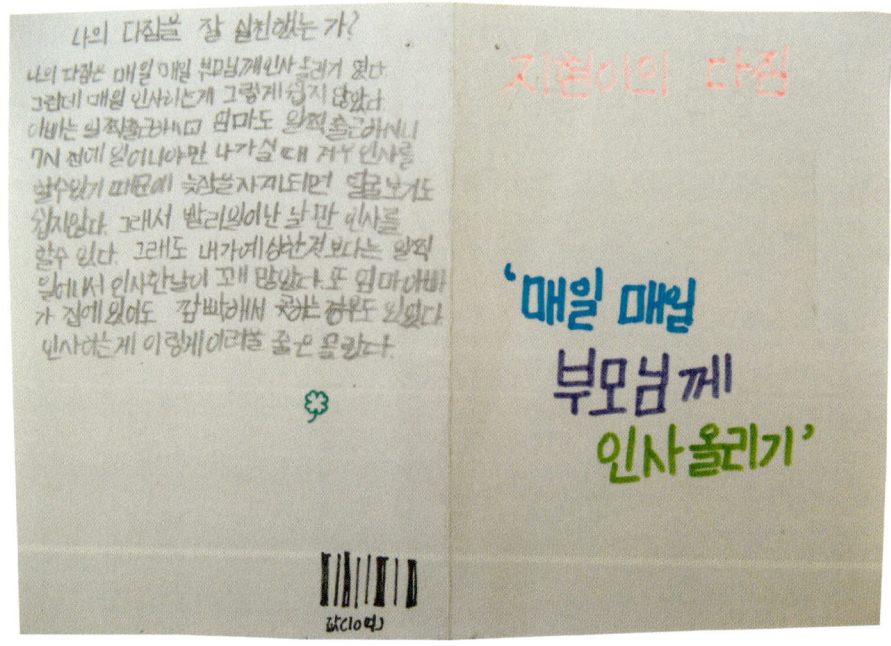

발표 경험에 대해 쓴 글

발표의 추억

4학년 때 가창 시험을 보는데 아이들은 나만 쳐다보고 선생님도 보시고 정말 긴장이 되었다. 이제 내 차례다. 나는 떨리는 마음으로 일어서서 자신감을 갖고 힘차게 노래를 했다. 내가 생각해도 웃긴데 친구들까지 웃는 것이다. 자신감은 점점 줄어들고 친구들 웃음소리는 커지고……. 나는 울음을 터뜨렸다. 하지만 좋은 성적을 받으려고 끝까지 했다. 그때 아주 크게 웃었던 홍석원, 지금은 친한 친구 사이지만 그 음악 시간만 생각하면 석원이가 악마로 보인다.

— 유기웅

끔찍한 발표

2학년 때의 일이다. 내가 발표를 하면 선생님께서는 "더 크게."라고 하고 그 답이 틀리면 애들은 "헐." "이거 아닌데."라고 해서 발표하는 것을 싫어하게 되었다. 그때부터 3학년 때까지 발표를 거의 안 했다. 4학년 때쯤 선생님이 시켜서 발표를 했는데 선생님께서 "오~" 그랬다. 그때부터 자신감을 얻어 발표를 많이 하게 되었다. 그전에 그랬던 일을 생각해 보면 웃기다. 발표, 그까짓 거 책 읽으라고 하면 책 읽고 자신의 생각을 말하라고 하면 내 생각을 그냥 애들한테 큰 소리로 말하면 된다.

— 이서현

안마기가 되었던 그때

열 살이었던가? 공개 수업이 있던 날이었어. 선생님께서 "발표해 볼 사람?" 그러시는 거야. 그래서 난 아무 생각 없이 손을 번쩍 들었어. 나는 엄마가 보고 있단 생각에 발표를 하려고 애를 썼어. 엄마가 계셔서 더욱더 떨렸어. 머리, 어깨, 무릎, 손, 발…… 온몸이 떨렸어. 아마 누군가 내 손을 잡았으면 그 사람의 손은 저절로 시원하게 안마가 됐을 거야.

— 유하나

둘 나누는 기쁨

책 이야기

무지개 물고기
마르쿠스 피스터 글·그림 | 시공주니어

《무지개 물고기》는 '무지개 물고기' 시리즈의 첫 번째 책이다.(《무지개 물고기》,《날 좀 도와줘, 무지개 물고기!》,《무지개 물고기와 흰수염고래》,《용기를 내, 무지개 물고기!》로 이어진다.) 마르쿠스 피스터는 무지개 물고기를 통해 '친구 간의 우정과 나눔'이 무엇인지를 말하고 있다.

책 속의 주인공 무지개 물고기는 반짝이는 비늘을 지닌 아름다운 물고기다. 새로운 인쇄 기술인 홀로그램 인쇄를 통해 주인공인 무지개 물고기의 반짝이는 비늘을 실감 나게 표현했다.

무지개 물고기는 자신이 가진 아름다움을 나눌 줄 몰랐다. 그러다 친구들을 하나 둘씩 잃게 된다. 하지만 반짝이 비늘을 나눠 주면서 자신뿐만 아니라 주변이 행복해지고 진정한 내면의 아름다움이 무엇인지도 알게 된다.

우리 주변에도 자신의 잘난 점을 뽐낼 줄만 알지 그것을 다른 사람들과 나누지 못해 고독한 아이들이 있다. 이 책은 그런 아이들에게 친구의 존재를 생각해 보게 하는 소중한 책이 될 것이다.

1. 그림책을 보기 전에

- 이번 시간에 볼 그림책은 《무지개 물고기》예요. 표지에 있는 물고기처럼 아름다운 물고기를 본 적 있나요? 오늘의 주인공이랍니다.
- 바닷속에 사는 무지개 물고기에게 어떤 일들이 벌어지나 한번 들여다볼까요?

2. 그림책을 보고 나서

- 무지개 물고기는 눈부시게 아름다운데 왜 친구가 없었나요?
- 여러분이 무지개 물고기라면 친구들이 멋진 비늘을 달라고 할 때, 어떻게 할까요? 여러분에게 소중한 무언가를 친구가 달라고 하면 어떻게 하겠어요?
- 여러분에게도 무지개 물고기처럼 멋진 비늘이 있답니다. 자신만의 멋진 비늘을 한번 찾아보세요.

왜 나누어야 하나요?

클레어 레웰린 글 | 마이크 고든 그림 | 함께읽는책

영국 국정 교과과정을 옮긴 '왜 나는 ○○을 해야 하나요?' 시리즈 중 하나다. 자신만 알고 나누는 것이 서툰 아이들에게 우리가 왜 서로 나누고 살아야 하는지에 대해 구체적인 예를 들어 표현하고 있다.

비늘 나눠 주기

- 아름다운 무지개 물고기가 자신의 비늘을 나눠 준 것처럼 우리도 자신만의 장점을 친구들과 나눠 보는 활동을 할 거예요.
- 나눠 준 16절 도화지를 반으로 접으세요. 안쪽 면에는 아래와 같이 칸을 나눠서 '자신이 잘하는 것(장점)', '남에게 배울 것(단점)', '나누는 방법'을 써 보세요.

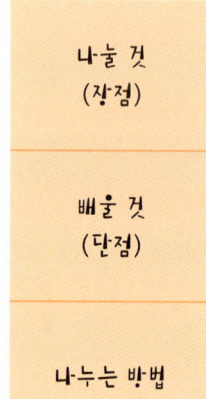

*친구들과 어떻게 나눌 것인지 구체적으로 적기

- 나누는 방법을 쓸 때 자신이 잘하는 것이 '책을 많이 읽는 것'이라면 '책 추천 엽서 써 주기' 등으로 실천할 수 있는 구체적인 내용을 써 보세요. 적어도 다섯 명 이상의 친구에게 자신의 장점을 나눠 줘야 합니다.
- 종이의 앞쪽 면에는 자신만의 무지개 물고기를 크고 예쁘게 그려 보세요. 비늘의 무늬와 색은 자신을 나타낼 수 있는 특별한 것이 좋겠지요? 비늘은 다 칠하지 말고 다섯 개 이상 비워 놓으세요. 앞으로 다른 친구들이 자신의 장점을 나눠 주며 비어 있는 비늘에 색칠을 해 줄 거예요.

- (나눔 물고기 완성 후) 비늘을 나눠 주는 방법은 내가 친구에게 '책 추천 엽서'를 써 줬다면 그 친구의 물고기에 자신의 비늘 색을 칠해 주면 됩니다. 이게 바로 비늘 나눠 주기죠. 기간은 일주일(길어도 한 달 이내)입니다.

- ◆ 모둠 친구들에게 내가 가진 장점을 나눠 주고, 일주일이 지나면 모둠 친구들끼리 어떤 것을 나누었는지 서로 맞혀 보기

나눔 물고기 만들기

무지개 물고기 그리기

완성된 무지개 물고기

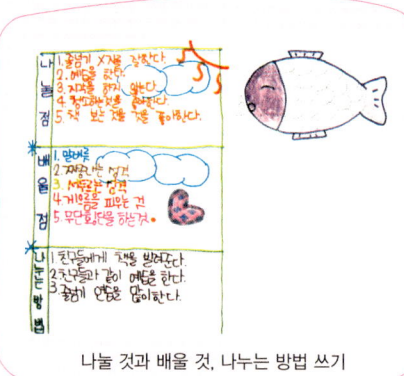
나눌 것과 배울 것, 나누는 방법 쓰기

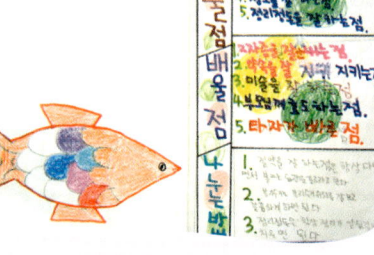
친구들과 비늘 주고받기

나눌 것 (장점)	① ×자 줄넘기를 잘한다. ② 예습을 한다. ③ 지각을 하지 않는다. ④ 청소하는 것을 좋아한다. ⑤ 책 보는 것을 좋아한다.
배울 것 (단점)	① 말버릇. ② 짜증내는 성격. ③ 서두르는 성격. ④ 게으름을 피우는 것. ⑤ 무단횡단을 하는 것.
나누는 방법	① 친구들에게 책을 빌려 준다. ② 친구들과 같이 예습을 한다. ③ 줄넘기 연습을 많이 한다.

셋 재미있는 상상 놀이

파란 의자
클로드 부종 글·그림 | 비룡소

황량한 사막에서 의자 한 개를 발견했다면 그 의자로 과연 무엇을 할 수 있을까? 이 책은 아름다운 그림이나 화려한 색채가 아닌 단순한 그림으로 어린이만이 가질 수 있는 풍부한 상상력을 그려 내고 있다.

그림에 등장하는 에스카르빌과 샤부도는 의자 하나로 다양한 놀이를 시작한다. 마치 우리가 어린 시절에 나무토막 하나로 지팡이 든 노인이 되기도 하고, 보자기 하나로 슈퍼맨이 되기도 하고, 돌멩이 그릇에 풀을 뜯어 소꿉놀이를 했듯이 말이다.

두 친구가 재미있게 놀고 있을 때 낙타가 나타나 "의자는 앉으라고 있는 거야."라고 한다. 그러고는 의자에 앉아 움직일 생각을 않는다. 낙타는 나이 들어 머리가 굳어 버린 어른들처럼 하나의 생각에 사로잡혀 있는 것이다.

이 책은 우리를 풍부한 상상의 세계로 초대한다. 의자 하나로 수십, 수백 가지의 놀이를 생각해 낼 수 있도록 말이다. 어린이에게는 상상력이 가장 재미있는 놀이터다. 보자기 하나만 두르면 슈퍼맨도 되고 예쁜 치마를 입은 엄마도 될 수 있었던 것은 바로 상상력 덕분이었다. 다 함께 그 상상의 세계로 떠나 보자.

1. 그림책을 보기 전에

- '의자로 할 수 있는 것들을 모두 써 보세요. (가장 많이 찾아내는 모둠을 칭찬한다.)
- 표지에는 무엇이 보이나요?
- 오늘 우리가 만날 책의 주인공은 에스카르빌과 샤부도랍니다. 그런데 이 주인공들은 파란 의자를 가지고 어떤 이야기를 만들어 갈까요? 여러분의 생각과 비교하며 그림책을 보세요.

2. 그림책을 보고 나서

- 에스카르빌, 샤부도, 낙타 중에 무인도에서도 가장 잘 살아남을 것 같은 동물은 누구인가요? 왜 그렇게 생각했나요?

함께 보아요!

하나도 안 심심해
마갈리 보니올 글·그림 | 바람의아이들

책에 등장하는 아이는 곰돌이와 함께 풀, 구름 등을 이용해 놀이를 한다. 상상력과 열린 마음만 있다면 장난감 없이도 재미있게 놀 수 있다는 것을 보여 준다.

기발한 상상 놀이 발표 대회

준비물(아동) : 보자기, 수건 등 간단한 도구를 준비해도 좋고 운동장이나 근처에 공원이 있다면 그곳에 서 물건을 가져와도 좋다. 구체물보다는 나뭇가지, 돌멩이 같은 추상적인 것이 좋다.

> 활동을 교실에서 한다면 노래 〈유쾌한 마녀〉(체리필터), 〈두 바퀴로 가는 자동차〉(김광석)를 들어도 좋다. 운동장에서 한다면 '운동장이 바다라면'이라는 교육연극 놀이를 해서 아이들의 마음을 열고 시작하는 것이 좋다.

- 책에서 본 샤부도와 에스카르빌처럼 한번 신나게 놀아 볼 거예요. 잘한 모둠에게는 샤부도상, 에스카르빌상을 주고, 앞으로 재미있게 놀 가능성이 큰 모둠에게는 단봉낙타상을 주겠습니다.
- 모둠별로 다양한 상상 놀이를 하며 신나게 놀다가 20분 후에 모이세요. 모두미들끼리 상의해서 친구에게 보여 줄 상상 놀이 하나를 골라 오세요. (운동장 스탠드나 교실 앞에 발표 공간을 마련하여 발표 대회를 한다.)

물개쇼

보자기를 이용한 상상 놀이를 끝내고

- 준비된 모둠은 나와서 무슨 놀이인지 말하지 말고 보여 주세요. 정답을 아는 모둠이 '정지'를 외친 후 무엇을 하고 노는 건지 맞혀 보세요.
- 가장 창의적이고 다양한 아이디어를 내는 모둠에게 점수를 많이 주겠습니다.
- (모둠 순서대로 나와서 동작을 표현한다.) 자, 이것은 무엇을 하는 것일까요?
- 이번 놀이는 몇 점을 줄까요? 점수를 불러 주세요.
- (교실로 돌아온 뒤) 오늘 활동에 대해 느낀 점을 써 보세요.

교실에서 했던 상상 놀이

낚시 놀이

썰매 놀이

기차 놀이

미용실 놀이

운동장에서 했던 상상 놀이

물에 빠진 사람

장의사

미스코리아

달리기 결승전

정육점 놀이

투우사

상상 놀이를 하고 나서 쓴 글

협동심을 기를 수 없었던 그때

《파란 의자》를 읽고 선생님께서 상상 놀이를 한다고 하셨다. 그래서 우리는 보자기를 가지고 할 상상 놀이를 생각하다가 먼저 미용실 놀이를 생각했는데 별로 재미가 없는 것 같아서 다른 놀이를 생각했다. 그때 승연이 머릿속에서 반짝! 하고 생각이 났다. 바로 비행기 놀이였다. 구령대 아래는 비행기고 계단을 타고 올라가면 비행기가 공중에 떠 있는 것이다. 승연이와 세아가 승무원이고, 혜성이와 채원이는 손님이다.

우리는 준비물도 없고 생각을 많이 안 해서 좋은 점수를 받지 못했다. 그래서 그런지 단봉낙타상을 받았다. 혜성이는 단봉낙타상을 받았지만 그리 좋은 것만 같진 않다고 했고, 채원이는 상을 받은 건 좋지만 조금 창피하다고 했다. 승연이와 세아는 다음번엔 열심히 해서 샤부도상을 받을 거라고 했다. 서로 협동해서 상상 놀이를 하니 서로 더 친해진 것 같고, 협동심을 기를 수 있는 기회였다. 다음에는 잘해서 지금보다 나아질 수 있도록 노력해야겠다.

- 단봉낙타상, 새동무 모둠

상상 놀이 서커스

처음에는 물개쇼만 하려고 했다. 그런데 하다 보니까 공 튀기기와 공중부양을 하게 된 것이다. 물개쇼에서 훌라후프를 흔들려고 했는데 물개 역할을 맡은 용욱이가 위험하다며 흔들지 말라고 했다. 공 튀기기를 여러 번 하려고 했지만 생각대로 쉽지 않았다. 마지막으로 공중부양까지 선보였다. 보자기를 깔고 연희를 앉힌 다음 다 함께 들어 올렸다.

상상 놀이를 하는 중에 여러 가지 일이 있었다. 남자아이들이 공을 가져가서 연습 시간이 부족하기도 했고, 훌라후프를 흔들면 공이 훌라후프에 튕겨서 다시 되돌아가기도 했다. 발표를 할 때도 "그다음 우리가 하자?" "응!"이라고 말했지만 막상 하니까 많이 떨렸다. 공연이 끝나고 점수를 발표했는데, 우리 모둠이 1등을 했다. 샤부도 모둠이 된 것이다. 다 아이들과 협동해서 된 것이라고 생각한다. 하은이는 재미있는 놀이를 해서 기뻤다고 했고, 용욱이는 물개 역을 맡아 힘들고 창피했다고 했고, 혁하는 물개 조련사를 해서 더 재미있었다고 했다.

- 샤부도상, 새로운1년 모둠

넷
함께해서 아름다운

개구리네 한솥밥
백석 동화시 | 유애로 그림 | 보림

　백석의 동화시 〈개구리네 한솥밥〉을 담은 그림책이다. 다양한 의태어와 의성어가 담긴 간결하고 리듬감 있는 문장은 읽는 재미를 더한다. 생생하게 표현된 그림은 마치 시골 어느 풀숲을 그대로 옮겨 놓은 것처럼 아름답다.

　《개구리네 한솥밥》은 '한솥밥'이라는 말에서 알 수 있듯 함께하는 기쁨을 이야기하는 책이다. 집에서 혼자 먹는 밥보다는 온 가족이 같이 모여 먹는 밥이 맛있는 건 당연하다.

　현장 학습을 가서도 혼자 먹는 도시락은 아무리 맛있는 음식이라도 맛있게 느껴지지 않는다. 하나 더하기 하나는 둘이 아니라 그 이상이 되듯, 1년 동안 같이 지낼 우리가 서로 한마음 한뜻으로 뭉치면 더 아름다워지지 않을까?

혼자 가는 길은 금방 지치고 그만두고 싶지만 옆 사람과 함께 손잡고 발맞춰 간다면 즐겁고 오래 갈 수 있다. 요즘 아이들은 남을 누르고, 남보다 앞서가는 것을 최고로 여기는 세상에서 살아간다. 이 책은 그런 아이들에게 더불어 사는 삶이 얼마나 즐거운지를 알게 해 준다. 왜 서로 도움을 주고받아야 하는지, 어떻게 하면 협동할 수 있는지 생각하면서 읽어 보면 좋겠다.

1. 그림책을 보기 전에

- 오늘 볼 책 제목은 《개구리네 한솥밥》이에요.
- 개구리는 왜 숟가락을 여러 개 들고 있을까요?
- '한솥밥'은 어떤 뜻일까요?
- '함께 사는 세상'이라는 말은 여러분도 알고 있을 거예요. 《개구리네 한솥밥》을 읽으며 다 함께 '협동'의 의미를 생각해 봅시다.

2. 그림책을 보면서

- (2쪽을 읽고 나서) 문장 끝맺음(종결 어미)이 이제까지 본 그림책과 다르죠? 어떤 말로 끝나나요? (~네) 시를 읽듯이 한번 읽어 볼까요?
- (3-4쪽) 개구리는 소시랑게가 발을 다쳐 우는 것을 보고 어떻게 할까요? 여기 나오는 풀의 이름은 무엇일까요? (닭의장풀)
- 자, 이번에는 길 잃은 방아깨비가 나오네요. 여러분이라면 어떻게 하겠어요? 여기 나오는 풀의 이름은 무엇일까요? (질경이)
- 같은 방법으로 각 쪽마다 나오는 풀, 꽃의 이름을 안내한다. (11쪽-메꽃, 14쪽-토끼풀, 17쪽-냉이, 25쪽-미나리, 35쪽-달맞이꽃, 37쪽-물봉선)
- (23-24쪽) 개구리는 쌀 대신 벼 한 말을 지고 가지요? 자, 이번에는 어떤 일들이 벌어질까요? 각각의 곤충들이 어떤 방법으로 도와주는지 맞혀 보세요. (어려운 상황이 벌어질 때

마다 어떤 동물이 나와 어떻게 해결할지 맞혀 보게 한다.)

3. 그림책을 보고 나서

- 만약에 개구리가 소시랑게, 방아깨비, 쇠똥구리, 하늘소, 개똥벌레를 무시하고 형님 댁에 갔다면 이야기는 어떻게 됐을까요?
- 한솥밥을 만들려고 이야기에 나오는 인물들이 어떤 일들을 하였나요?
- 마지막에 다 같이 모여서 먹은 한솥밥은 어떤 맛이었을까요?
- 책을 다 읽고 나니 어떤 느낌이 드나요? 우리도 한번 다 같이 한솥밥을 만들어 볼까요?

함께 보아요!

으뜸헤엄이

레오 리오니 글·그림 | 마루벌

큰 물고기를 피해 도망쳐 나온 으뜸헤엄이는 혼자가 되어 바닷속 이곳 저곳을 돌아다니다 다시 친구들을 만난다. 작은 물고기들은 큰 물고기 모양으로 함께 뭉쳐 다니며 큰 물고기들의 위협을 물리친다. 큰 위험을 만나도 같이하면 이겨 낼 수 있다는 따뜻한 내용을 담고 있다.

사각형 만들기

준비물(교사) : 봉투(모둠 수만큼)에 사각형(모두미 수만큼) 오린 것

- 오늘은 '협동의 날'이에요. 우리 모두 함께 힘을 합해서 할 수 있는 활동을 해 볼 거예요. 이번 활동은 서로 도움을 주고받아야 할 수 있답니다. 우리 반 친구들 모두 1년 동안의 먼 길을 혼자서 빨리 가기보다는 서로서로 의지하며 함께 걸어가면 좋겠습니다. 함께하는 방법과 의미를 생각하며 활동을 해 봅시다.

- 어떻게 하면 협동을 잘할 수 있을까요? 사각형 만들기를 하면서 생각해 보세요. 내 것만 완성하려고 하면 사각형 맞추기가 힘들어집니다. (처음엔 네 명 다 똑같은 모양이 되도록 만들라고 안내하고 아이들이 잘 못하면 정사각형을 만들라고 안내함.)
- 이 활동의 규칙을 잘 들으세요. 모둠별로 받은 봉투에는 여러 가지 도형이 들어 있어요. 모두미들은 똑같이 나눠 가지세요.

- 절대 말을 하면 안 됩니다. 친구가 사각형을 완성하는 데 내가 가진 조각이 필요하다면 친구에게 주세요. 다른 사람에게 달라고 하면 안 되고, 주기만 할 수 있어요. 한 사람이 가질 수 있는 조각 수는 2~5조각이어야 합니다.
- 활동을 마친 모둠은 조용히 손을 드세요.
- (활동이 끝난 후) 빨리 한 모둠도 있고 못 맞춘 모둠도 있을 거예요. 빨리 맞춘 모둠은 왜 빨리 맞출 수 있었는지 이유를 써 보세요. 끝까지 못 맞춘 모둠도 마찬가지로 그 이유를 써 보세요.

- 쓴 내용을 나와서 발표해 볼까요?
- 여러 친구들이 활동 소감을 발표했는데, 협동을 위해서는 뭐가 필요할까요?
- 오늘 이야기한 것들을 잊지 말고 1년 동안 마음에 담아 둡시다.

'사각형 만들기' 조각

다리 묶어 달리기

교사 준비물 : 결승선, 반환점, 호루라기
아동 준비물 : 광목천으로 만든 끈 각자 한 개씩(없으면 손수건 준비)

- 이번 시간에는 다리 묶어 달리기를 합니다. 모둠별로 줄을 서서 옆 사람과 자신의 발목을 서로 묶으세요. 연습 시간은 5분 주겠습니다.
- (준비가 끝나면) 서로 발과 마음을 맞춰 출발해 보세요. (넘어지는 아이들이 생기면 다시 일어나 결승선까지 꼭 오도록 한다.)
- 다리 묶어 달리기를 하면서 어떤 느낌이 들었나요?
- 어떻게 했을 때 잘 달릴 수 있었나요?
- 협동이 뭐라고 생각하나요?

○○네 한솥밥 만들어 먹기

준비물(아동) : 나물(냉이, 콩나물, 돈나물, 고사리, 시금치 등), 밥, 큰 양푼, 참기름, 고추장 등을 모두미들이 나눠서 준비하기, 숟가락은 각자 준비

- '○○네 한솥밥'을 만들어 봅시다. 먼저 모둠별로 각자 밥과 반찬, 참기름, 고추장 등을 가져왔지요? (준비물을 공평하게 분담하였는지 살펴본다. ○○은 담임 선생님 이름으로 한다.)

- 양푼에 가져온 재료를 넣고 비벼 주세요. 비빔밥 만들 때 가장 중요한 건 뭘까요? 바로 여러분의 따뜻한 마음 한 방울! 잊지 말고 꼭 넣어 주세요.
- 모둠별로 비빔밥이 다 완성되었나요? 그렇다면 선생님 양푼에 모둠별 비빔밥을 한 숟가락씩 가져와 주세요. 이렇게 '○○네 한솥밥'이 완성됐군요.
- (교사가 한입 맛을 본 후) 와! 환상적인 맛이에요! 맛 좋은 이 비빔밥처럼 우리 반도 올 한 해 동안 이렇게 맛있게 비벼져서 멋진 반이 되길 바랄게요! 그러면 지금부터 머리를 맞대고 모둠별로 맛있게 먹기!

나물, 참기름 등 준비한 재료 넣기

잘 섞이게 비비기

다 된 비빔밥 맛있게 먹기

마지막 한 톨까지 싹싹!

이런 활동도 있어요!

◆ 협동화 그리기

'협동은 ○○이다.' 모둠별로 자신들이 생각하는 협동은 무엇인지 생각해 보게 한다. 그리고 그것을 가장 잘 나타낼 수 있는 그림을 정해서 모둠 작품으로 표현해 본다.

'사각형 만들기' 하고 나서 쓴 글

더불어 나누는 모둠

우리가 이렇게 빨리 맞출 수 있었던 것은 친구들에게 자신의 것을 나누어 주며 서로 도와준 덕분입니다. 그리고 규칙을 지키고 서로 믿고 마음이 통하여 빨리 맞출 수 있었습니다. 우리가 이 놀이에서 배우는 더불어 살아가는 법은 '첫째, 내 것같이 남 것도 신경 써 준다. 둘째, 서로 부족한 점을 보완해 준다. 셋째, 서로 마음이 통해야 한다. 넷째, 서로 피해를 주지 않는다.'입니다. 앞으로도 하얀종이 모둠은 사람들과 더불어 나누는 모둠이 될 것입니다.

— 하얀종이 모둠

배려가 부족했던 그때

우리는 조각 맞추기를 하면서 반칙을 썼다. 손짓도 하고 작은 소리로 말도 하고 친구들에게 조각을 달라고도 했다. 그래서 그런지 우리는 잘 맞추지 못했다. 다른 모둠은 반칙도 쓰지 않고 잘 맞추었다. 우리도 다음에 할 때에는 반칙을 쓰지 않고 서로 배려해서 모양을 똑같이 만들도록 노력해야겠다.

— 새동무 모둠

'다리 묶어 달리기'를 하고 나서 쓴 글

마음을 맞추어야 잘된다

우리 모둠은 다리 묶어 달리기를 연습하지 못하였다. 어떻게 달릴지는 정하였지만 서로 빨리 달리라고 아우성쳐서 그런지 잘 달리지 못했다. 협동심이 중요한데 빨리하는 것에 급급했다. 서로 마음을 맞춰 도와야지 모든 것이 잘된다는 것을 알았다. 이제 협동해야 하는 이유를 알았으니 더 잘할 수 있겠다.

— 도전 모둠

더불어 살아가야 하는 까닭

다리 묶어 달리기에서 42초 만에 들어온 것은 우리 모둠이 협동을 잘했기 때문이다. 저번에는 잘 맞지 않고 규칙도 어겼는데 이번에는 잘 맞았던 것 같다. 다음에 또 하게 되면 더 잘할 것이다. 더불어 살아가면 나는 물론 다른 사람들도 기분이 좋아진다는 것을 알았다.

— 안녕 모둠

한솥밥 만들어 먹고 나서 쓴 시

쓸쓸하겠지!
김진곤

연아네 한솥밥,
혼자 먹으면 어떻게 될까?

맛이 좋은 비빔밥
최민혁

비빔밥을 비비는데
정성이 쏙 들어갔다.
더 맛있었다.
같이 먹는 즐거움
싹싹 비웠다.
옆엣 게 탐나서
훔쳐 먹었다.
그러니까 더 맛있다.

괜찮아!
장소연

우리 반에서 한솥밥을 먹었지.
선생님이 먹어 보고 하시는 말
"맛있다."
아이들이 몰려왔지.
아이들이 맛있다고 다 먹어 버렸어.
진짜 맛있었는데
참 아쉬웠어.
그래도 다 같이 배불리 먹었으니까
괜찮아!

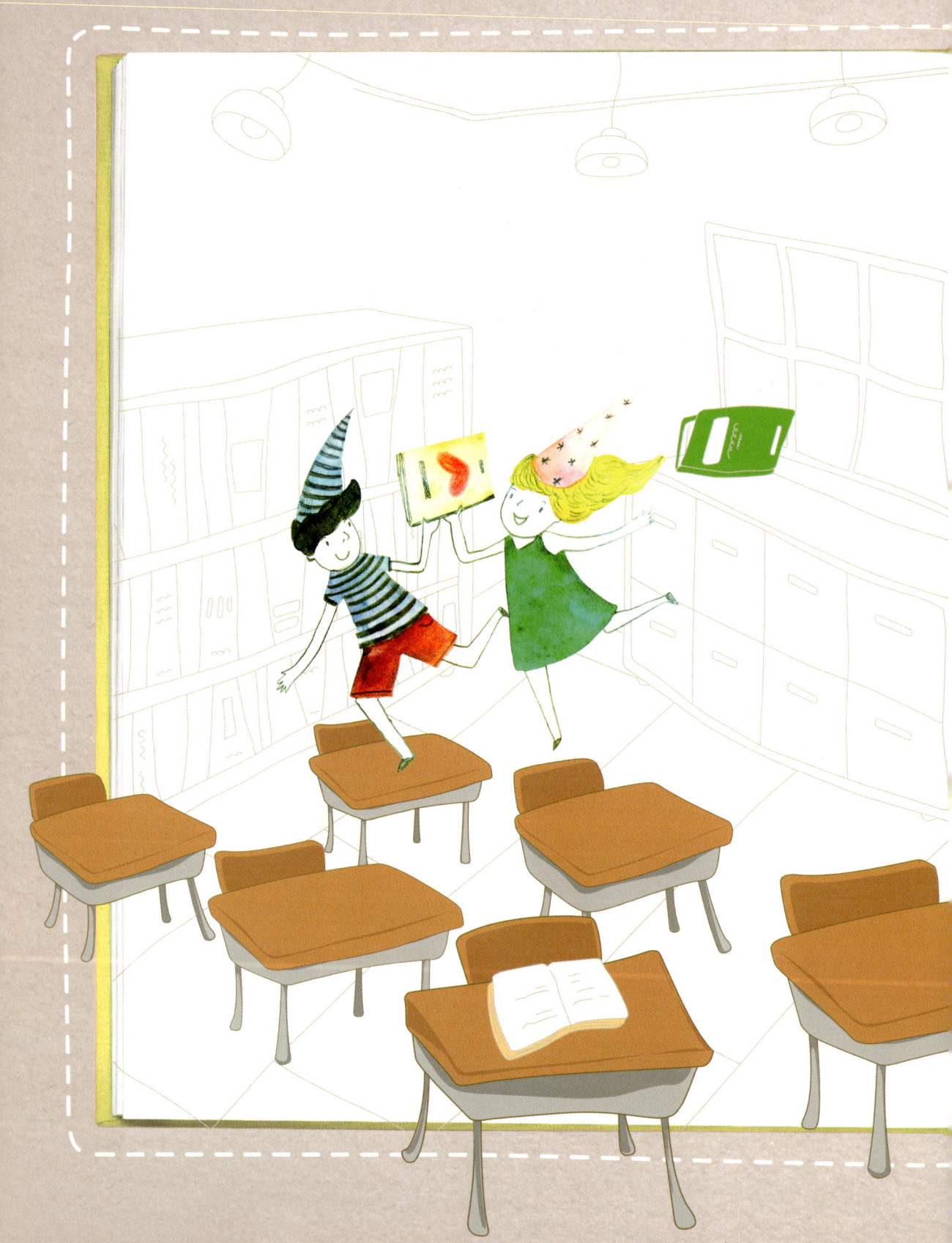

차별과 편견을 넘어서는

4월

- 우리가 가지고 있는 차별과 편견은 무엇일까요?
- 우리는 누구와 더불어 살아야 할까요?
- 그들과 더불어 살아가기 위해서는 어떻게 해야 할까요?
- 서로 다르면 무엇이 좋을까요?

하나
아들? 딸?

책 이야기

딸은 좋다
채인선 글 | 김은정 그림 |
한울림어린이

딸은 크면 엄마와 친구가 된다고들 한다. 그만큼 엄마의 마음을, 엄마의 지나간 삶을 가장 잘 이해하고 사랑하는 사람이 바로 딸일 것이다. 엄마는 그것을 잘 알고 있다. 자신 역시 딸이기 때문이다.《딸은 좋다》는 그런 엄마의, 엄마만이 느낄 수 있는 사랑을 담고 있다. '아들보다 딸이 더 좋다'는 뜻이 아니라 '딸'이 세상에 어떤 의미인지를 가슴 속 깊은 곳에서 우러나온 언어와 그림으로 그려 내고 있다.

전통적으로 우리 사회는 남성 우월주의가 만연하여 여성에 대한 차별이 심하였다. 사회와 과학의 발달로 우리는 급격히 변화되는 사회에서 살고 있으며 그에 맞춰 여성의 사회적 지위도 상대적으로 높아지기는 했지만 아직도 인식의 변화는 부족하다. 여전히 '남자는'과 '여자는'

식의 고정관념으로 사람을 평가하고 제도화하는 경우가 많으니 말이다.

   그래서 일상생활에서 갖고 있는 자신과 다른 성(性)에 대한 생각을 점검해 보려고 한다. 이 책을 통해 아이들이 틀림이 아닌 다름, 차별이 아닌 차이로 남성과 여성을 인식하고, 진정한 양성평등의 의미가 무엇인지 아는 건강한 사회 구성원으로 성장할 수 있길 바란다.

1. 그림책을 보기 전에

- 3월에는 더불어 살아가야 하는 이유와 더불어 살아가기 위해 필요한 것들에 대해 이야기를 했다면 4월의 주제는 '누구와 더불어 살 것인가?'입니다.
- 여러분은 이 세상을 누구와 더불어 살고 있고, 살게 될까요?
- 그렇게 나와 다른 사람들과 더불어 살아가기 위해서는 무엇이 필요할까요?
- 여러분은 어떤 편견을 가지고 있나요? 차별받아 본 경험이나 그런 이야기를 들어 본 적이 있나요?
- 4월에는 남녀, 장애, 인종 등 부당한 차별이나 편견 속에 있는 사람들과 더불어 살기 위한 공부를 할 거예요.
- '남아 선호 사상'에 대해서 들어 보았나요?
- 작가는 "딸은 좋다."라고 말하고 있어요. 딸은 왜 좋은지 한번 볼까요?

2. 그림책을 보고 나서

- 전통적인 우리 사회는 남녀 차별이 심했어요. 남자는 우월하고 여자는 천하다고 생각했지요. 지금은 많이 나아졌지만 우리 사회에는 남녀 차별이 여전히 남아 있어요. 혹시 여러분은 여자라서 또는 남자라서 억울했던 경험이 있나요? 자신의 경험이나 불공평하다고 생각한 것을 이야기해 보세요.

가시내

김장성 글 | 이수진 그림 | 사계절

'가시내'의 어원을 담은 옛이야기 그림책. '여자가 돼 가지고 얌전치 못하다'는 등의 성차별적인 생각들을 뒤집어 보는 책이다. 해학적이고 율동감 넘치는 민화풍의 그림이 돋보인다.

나의 생각 정리해 보기

- 여러분이 나중에 아이를 낳는다면 아들을 낳고 싶나요? 딸을 낳고 싶나요? 아들이 좋은 이유와 싫은 이유, 딸이 좋은 이유와 싫은 이유를 써 보세요.
- 여러분은 자기가 아들이라서, 또는 딸이라서 좋은 점과 싫은 점이 있나요?
- 다음에 다시 태어난다면 아들로 태어나고 싶은지, 딸로 태어나고 싶은지 생각해 보고 그 이유를 간단하게 쓰세요.
- 우리는 이미 태어나서 여자로, 또는 남자로 살아가야 해요. 그뿐만 아니라 막내로, 맏이로, 어린이로, 학생으로 살아가고 있지요. 내 상황에 불평불만만 할 것이 아니라 우리의 정당한 권리를 요구하고 당당하고 행복하게 살아야겠지요. 딸이라서, 아들이라서, 맏이라서, 막내라서, 어린이여서 좋은 점들은 무엇이 있을까요? '○○은 좋다'로 간단한 글쓰기를 해 보세요.
- 할머니나 엄마에게 딸이라서, 여자라서 억울하거나 힘들었던 일이 있었는지 들어 보세요. 그리고 양성평등과 관련해 우리가 실천할 수 있는 것에 대해 가족과 함께 이야기하고 글로 써 보세요.

이런 활동도 있어요!

◆ 속담이나 속설을 '양성평등'에 맞춰 바꾸어 보기

'암탉이 울면 집안이 망한다, 여성은 높은 사회적 지위를 가질 수 없다, 결혼하면 직장을 그만두고 아이들 교육에 힘을 써야 한다, 여성은 약한 존재라 남성이 보호해야 한다.' 등

◆ '명절 증후군'이란 무엇일까? 행복한 명절을 보내기 위한 방법 말해 보기

내 안의 편견

- 장애인은 우리와 다르다.
- 뚱뚱한 애들은 체육을 못할 거야.
- 장난기 많으면 폭력적일 것이다.
- 공부를 잘하면 학원을 많이 다닐 것이다.
- 힘이 세면 머리가 나쁘다.
- 여자는 다 힘이 약할 거야.
- 안경 쓴 사람은 공부를 잘할 거야.
- 시험을 못 보면 공부를 못한다.
- 예쁜 애들은 성격이 안 좋다.
- 키가 작은 애들은 인기가 없을 거야.
- 잘 사는 애들은 욕심이 많을 거야.

남자라서, 여자라서 차별받았던 일

할머니가 전화하는 걸 들었는데 "어우~ 역시 손녀보다는 손자지!"라고 하셨다. 그때 기분이 무척 상했다. 차라리 내가 싫다고 표현을 하시지……. 괜히 속으로……. 나는 그런 게 더 싫다. 게다가 삼촌이 두 분 계시는데 삼촌들한테만 먹을 거 내주시고 우리 엄마와 나는 찬밥 신세다. 이런 거 안 당해 본 사람들은 절대 모를 것이다. 절대! 아, 참 그리고 작은 삼촌한테 아들 두 명이 있는데 할머니가 과자도 동생들만 주고 나는 물이나 먹으라는 식으로 말하신다. 짜증난다.
- 손효정

일곱 살 때 할아버지가 한자를 가르쳐 주셔서 열심히 공부하고 있었는데 내가 하나를 틀릴 때마다 할아버지가 "아, 이년아. 그것도 몰라서 틀리냐!"라고 혼내셨다. 또 언젠가 한번은 내가 정말 많이 틀리니까 엄마한테 "어미야, 넌 왜 딸을 낳아서 이 고생이냐. 아들이었으면 공부도 잘하고 말도 잘 들을 텐데, 헛고생을 했어!"라고 말씀하셨다. 5년이라는 시간이 흘렀지만 아직도 그걸 잊지 못하겠다. 그리고 그 생각만 하면 우리 엄마가 불쌍해 보인다.
- 이규화

'OO은 좋다' 글쓰기

맏이는 좋다

좋은 것을 해 주어도 첫째부터 해 주니까 맏이는 좋다. 새 옷을 입을 수 있으니까 맏이는 좋다. 동생이 올라갈 학년에 뭐 하는지 으스대며 이야기해 줄 수 있으니까 맏이는 좋다. 무언가를 부탁하면 조금이라도 들어주니까 맏이는 좋다.
- 이윤호

어린이는 좋다

솜사탕을 맘대로 먹을 수 있다. 친구들과 하루 종일 놀 수 있다. 엄마 아빠가 반찬 차려 준 거 먹기만 하면 된다. 아프면 엄마가 하루 종일 간호해 준다. 귀여운 옷들을 많이 입을 수 있다. 버스 요금이 싸다. 분식집 아줌마와 친한 사이가 될 수 있다. 엄마한테 어리광을 부릴 수 있다.

- 김민지

동생은 좋다

동생은 좋다. 부모님한테 사랑을 듬뿍 받는다. 동생은 좋다. 오빠보다 덜 혼난다. 동생은 좋다. 오빠가 돈 오천 원 받으면 똑같이 받는다. 동생은 좋다. 조금만 잘해도 칭찬을 받는다. 동생은 행복하다. 모두가 동생 것이다.

- 윤채빈

우리 반은 좋다

우리 반은 정말 좋다. 즐겁다. 늘 웃는다. 시끄럽긴 하지만 적응되면 좋다. 우리 반은 시험 못 봐도 뭐라 안 한다. 글쓰기를 해서 좋다. 책이 많아 좋다. 선생님도 좋다. 아이들도 좋다. 마지막으로 특별해서 좋다. 곧 있으면 다른 반 아이들이 구경하러 올 우리 반은 좋다.

- 장예지

누나는 좋다!

우리 누나는 좋다. 내가 물을 가지고 오라 하면 가지고 오는 누나가 좋다. 내가 돈 달라고 하면 기꺼이 주는 누나가 좋고 내가 컴퓨터를 많이 했을 때 뒤에서 끄고 공부하라고 잔소리를 하는 누나가 좋다. 밥 먹으라고 소리 지르는 누나가 좋다. 내가 때리고 도망쳐도 재미있게 화를 내는 누나가 좋다. 비록 마음 좁고 화 잘 내는 누나라도 누나라서 좋다.

- 황수종

아들이 좋은 이유, 싫은 이유 / 딸이 좋은 이유, 싫은 이유

간단하게 책 만들기

앞표지

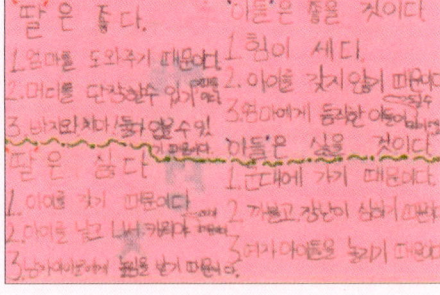
속면

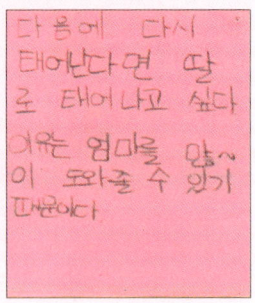
뒤표지

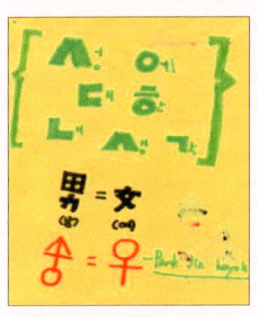
앞표지

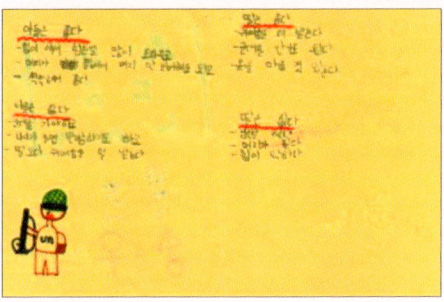
속면

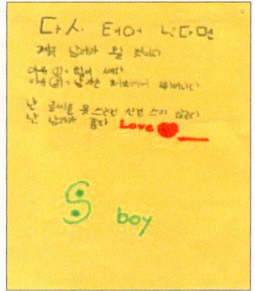
뒤표지

둘 장애인과 더불어 살기

길 아저씨 손 아저씨
권정생 글 | 김용철 그림 | 국민서관

《강아지똥》의 작가 권정생 선생님이 들려주는 따뜻한 이야기다. 손 아저씨는 길 아저씨를 업고 다니며 다리 역할을 해 주고, 길 아저씨는 손 아저씨 등에 업혀 길을 안내하며 눈 역할을 해 준다.

서로 눈이 되고 발이 되어 함께 지내면서 두 사람은 남의 도움 없이 스스로 살아갈 수 있게 된다는 이야기를 구수한 글 솜씨와 따뜻한 그림으로 표현하고 있다. 특히 벽이나 창호지에 비친 손 아저씨와 길 아저씨의 그림자를 통해 심리 변화를 보여 주는 것이 인상적이다.

앞면지 그림에는 방문이 닫혀 있지만 뒷면지 그림에는 방문이 활짝 열려 있다. 그것은 바깥세상과 단절되었던 두 사람이 바깥세상과 소통을 한다는 것을 의미한다. 겉으로 드러나는 이야기만이 아니라 두 주인공의 마음이 어떻게 변해 가는지 눈여겨보면 이 책 속에 담긴 의미를 더욱 깊이 느낄 수 있다.

《길 아저씨 손 아저씨》는 아이들에게 더불어 살아가는 삶의 소중함과 장애인에 대한 배려의 마음을 자연스럽게 갖게 하는 그림책이다.

1. 그림책을 보기 전에

- 여러분은 장애인에 대해 어떤 생각을 가지고 있나요? 생각나는 대로 이야기해 보세요.
- 이번 그림책 제목은 '길 아저씨 손 아저씨'예요. 표지 그림에서 누가 '길 아저씨'고 누가 '손 아저씨'일까요?

2. 그림책을 보고 나서

- 《길 아저씨 손 아저씨》를 보고 장애인에 대한 생각이 바뀌었나요?
- 장애인들은 어떤 삶을 살고 있을까요?
- 장애인과 함께 더불어 살아가기 위해서 어떻게 해야 할까요?

여섯 개의 시선
'대륙횡단' 국가인권위원회 기획·제작

여섯 명의 감독이 함께 모여 만든 옴니버스 영화다. 인권 프로젝트 영화로 인권 문제라는 공동 주제를 가지고 각 감독 개개인의 색깔과 개성을 드러내고 있다.

우리 사이 짱이야
서울장애인종합복지관 기획·제작 | 황미나 글·그림

뇌성마비 친구 아람이와 건강한 준호의 멋진 우정을 담은 만화 영화이다.

우리 누나

오카 슈조 글 | 카미야 신 그림 | 웅진주니어

장애아들을 둘러싸고 벌어지는 사건들을 통해 인간의 존재를 다시 한 번 곰곰이 생각해 보게 한다. 장애인을 비롯한 타인에 대해 따뜻한 시선을 갖게 하는 가슴 찡한 이야기를 여러 편 소개하고 있다.

편견

고정욱 외 글 | 유기훈 그림 | 뜨인돌어린이

세상의 편견을 녹여 버릴 수 있는 동화 여섯 편이 실려 있다. 여성, 장애인, 새터민(탈북자), 많이 배우지 못한 사람, 예쁘지 않은 사람, 다문화 가족에 대한 편견을 극복하는 이야기를 통해 사회적 약자들을 이해하고, 그들에게 따뜻한 시선을 보낼 수 있는 마음을 가질 수 있다.

장애인 체험하기

- 장애인에 관한 책 한 권을 더 읽어 줄게요. 《우리 누나》에 있는 〈잇자국〉이라는 이야기예요.
- 어떤 사람의 입장을 이해할 수 있는 가장 좋은 방법은 그 사람이 되어 보는 거라고 생각해요. 이번 주말에는 '장애 체험 활동지'에 있는 네 가지 활동 중 한 가지를 선택해서 장애 체험을 해 보고 자신의 생각을 글로 써 오도록 합니다. 장애인의 입장이 되어 진지하게 활동하고 그들의 상황과 마음을 좀 더 깊게 이해하려고 노력해 보세요.

'장애 체험' 활동지

장애 체험을 하고 나서

학년   반   이름:

　장애인의 날을 맞아 장애 체험 숙제를 하기로 했습니다. 아이들은 장애 체험 하나를 골랐습니다. 체험 활동은 그 상태로 가만히 있는 것이 아니라 평소처럼 생활하고, 가족들이 모두 있을 때 하는 것을 원칙으로 합니다.

　아이들이 체험을 하는 동안 많은 관심을 가져 주시기 바랍니다. 절대 도와주지 마시기 바랍니다. 대충 하지는 않는지 감시하는 것과 같은 도움이라면 환영합니다. 이 색다른 숙제는 장애인 흉내를 내면서 즐거우려고 하는 것이 아니라 장애인의 고통을 함께 나누고 장애인들을 좀 더 이해하자는 뜻에서 하는 숙제입니다.

　아이들은 활동을 마치고 활동 시간과 장소, 과정, 활동 후의 느낌이 잘 드러나도록 글을 쓰게 됩니다. 아이들이 쓴 글을 읽어 보시고 부모님들의 말씀도 덧붙여 주시면 감사하겠습니다.

◆ 내가 택한 장애 체험 (　　　　)
　① 눈 가리고 한 시간 지내기
　② 손 쓰지 않고 짧은 책 읽기(50쪽 정도)
　③ 다리 쓰지 않고 두 시간 지내기
　④ 말하지 않고 세 시간 지내기

◆ 장애 체험을 하고 나서

> 이런 활동도 있어요!

◆ 장애인의 날 특집 프로그램 보고 일기 써 오기 (TV 편성표 확인하고 미리 안내하기)
◆ 집에서 학교까지 오는 길에 장애인들이 생활하기 불편한 곳을 찾아 적어 보기
◆ 장애인을 힘들게 하는 것 중 하나는 불편한 시선! 불편한 시선을 거두는 게 필요하다. 불쌍히 여기고 이상한 시선으로 경계하는 마음을 거두는 것이 장애인을 이해하는 작지만 큰 배려가 아닐까? 아이들에게 다음 글을 읽어 준다.

장애인 부모

내가 여덟 살 때였다. 부모님은 청각 장애인이다. 난 그 점이 창피하지 않았다. 주위 사람들이 부모님을 평등하게 대해서다. 그래서 반 아이들에게 "우리 부모님 청각 장애인이야."라고 당당히 말했다. 그러자 날 편히 대하던 아이들의 눈빛이 싹 바뀌었다. 순간 '내가 뭐 잘못했나?'라는 생각이 들었다. 그 뒤로 친구들은 날 불쌍히 대하였다. 혼자가 된 것 같아 슬펐다. 그때부터 가끔 사람들이 미워졌다. 그냥 미웠다. 어떤 애는 "너네 부모님은 장애가 있는데 넌 왜 멀쩡하니?"라고 묻는다. 그럴 때면 속이 화산처럼 '펑~' 하고 폭발할 것 같다. 이다음에 크면 선생님이 되어 이 썩어 빠진 세상을 뜯어고칠 수 있도록 아이들을 가르치고 싶다. 그렇지만 '그러면 장애인들이 행복할까?'라는 생각이 내 마음 한구석에 남아 있다. 여하튼 변하지 않는 것은 이 세상 사람들이 밉다는 것이다. 제발 날 편히 대해 주면 좋겠다.

― 장애인 부모님을 둔 5학년 아이 글

장애 체험을 하고 쓴 글

길고 긴 하루 중에 한 시간을 낭비했다고 생각했다. 처음엔 귀찮고 시간이 빨리 가길 기다렸다. 한참을 헤매다가 TV 전원을 켰다. 근데 소리만 들릴 뿐 보이는 건 어둠뿐이었다. 동굴처럼 어둡고 보이지도 않으니 무척 두려웠다. 장애인들의 마음도 모르고 재미로 놀리기만 하는 사람들은 천벌을 받아도 마땅하다. 나도 장애인을 놀린 적이 있다. 교회에 언어 장애를 가진 가베 언니가 있는데 키도 작고 울보에다 할 줄 아는 게 없다. 그런 언니를 놀렸던 것을 깊이 반성한다. 앞으로 이런 마음가짐으로 5학년을 지낼 것이다.

— 박예림(장애 체험 ①선택)

처음엔 장애인이 된다는 게 재밌을 것 같았다. 그러나 아니었다. 힘들고 팔도 아팠다. 문제는 화장실을 가는 거였다. 싸고 싶은데 빨리 갈 수가 없어 정말 답답했다. 화장실 바닥에서 있는 힘껏 몸을 당겨야 겨우겨우 올라가진다. 화장실에 물이 없어서 천만다행이었다. 소파에 올라가는 것은 다리에 힘을 주어야 하는데 다리를 아예 못 올리니 나 혼자는 못했다. 10분 동안 쩔쩔맸다. 다리가 얼마나 소중한지 알겠다. 다리가 없으면 달리기, 축구, 피구 등 운동도 못하고 엄마 아빠의 도움도 많이 받아야 되니 장애인 엄마 아빠는 힘드시겠다. 앞으로는 장애인들에게 더욱 친절해야겠다.

— 주현진(장애 체험 ③선택)

식구들 소감

두 시간 동안 혼자 해낸 것이 기특했다. 앞으로는 장애인을 두신 부모님 심정을 헤아릴 것 같다.

세 시간 동안 말을 안 하고 지내니 정말 답답하고 불편했다. 대화를 할 때 손동작이

나 종이에 써서 하니 시간이 너무 오래 걸렸다. 어떻게 하다 보면 말이 그냥 툭 튀어나왔다. 말을 하지 못하는 사람은 얼마나 답답하고 말을 하고 싶을까? 우리 외할머니 동네에는 말을 못하시는 할머니가 계신다. 언젠가 할머니와 내가 무를 받으러 그 할머니 댁에 갔는데 그 할머니가 우리 할머니한테 손짓으로 이야기했다. 우리 할머니는 알아듣는지 이야기를 하셨다. 내가 보기에는 그냥 손짓만 하시는 것 같은데……. 내가 말을 못하니 엄마는 그냥 말로 하라고 하고 동생들도 답답하다고 했다.

-이민주(장애 체험 ④선택)

● 식구들 소감

우리 모두 장애인을 사랑하는 따뜻한 마음을 가지고 항상 나보다 어려운 사람을 먼저 생각하고 배려하는 참사람이 되었으면 합니다.

〈우리 사이 짱이야〉를 보고 쓴 글

장애인이 되고 싶어서 됐나?

아람이는 혼자서 못 걷는 장애를 가지고 있다. 그런데 친구들은 모두 아람이를 싫어했고, 어떤 아이들은 아람이를 피하기까지 했다. 아람이가 장애인이 되고 싶어서 됐나? 일찍 태어나서 장애인이 된 건데. 참 이해가 안 간다. 나 같으면 아람이를 도와주고 아람이와 친구가 될 텐데……. 가수 클론 중에 한 아저씨는 장애를 가졌는데도 열심히 노래하고 멋진 춤을 춘다. 아람이도 그 아저씨처럼 열심히 노력해서 자신의 멋진 꿈을 이루면 좋겠다.

-김현희

장애인의 잘못이 아닌데……

나는 솔직히 장애인 친구가 없어서 장애인의 마음을 잘 모르고 장애인을 이해할 줄도 모른다. 근데 장애인이 된다는 건 자기의 잘못이 아니라는 건 안다. 여기서 나오는 준호처럼 나도 처음에는 피하고 친구도 안 할 것 같다. 나만이 아니라 모든 사람들이 장애인을 싫어하는 마음을 없애고 도와주는 마음을 가지면 좋겠다.

-김수정

장애인을 보면 웃지 말자

아람이는 준호 같은 짝을 만나 다행이다. 준호를 만나 발랄한 성격으로 변했으니까. 나도 장애인을 도와줘야겠다고 생각하지만 실제로는 그게 잘 안 된다. 옥구공원에 놀러 갔을 때 장애인이 지나갔다. 그런데 친구들이 막 웃으며 저 장애인을 보라고 했다. 그날은 학교에서 '차별'을 하지 말자고 배운 날이었다. 그래서 그렇게 웃지 말라고 하였다. 그 장애인은 얼마나 마음이 아팠을까. 앞으로 친구들보고 장애인을 보면 웃지 말고 신기한 듯 쳐다보지 말라고 해야겠다.

-김소희

차별과 편견을 넘어

나는 여태껏 장애인이 원하는 건 '병이 낫는 것'이라고만 생각했다. '모두가 사람이다. 장애인도 사람이다'라는 포스터는 있어도 '우리는 친구'라는 포스터가 없는 건 '장애인은 우리와 친구가 될 수 없다.' '장애인을 위한 것은 도와주는 것뿐이다.'라는 편견이 우리 머릿속에 자리 잡고 있어서일지도 모르겠다. 마지막 장면에 아람이와 준호가 싸우는 걸 보면서 아람이가 장애인이라는 것을 준호가 잊은 것 같았다. 이렇게 준호와 아람이가 친해지는 과정을 보면서 장애인에 대한 편견이 나의 머릿속에서 완전히 뽑혀 나갔다.

-우예림

셋
검정색, 흰색도 살색입니다

책 이야기

사라, 버스를 타다
윌리엄 밀러 글 | 존 워드 그림 | 사계절

1955년에 미국에서 실제로 있었던 '몽고메리 버스 승차 거부 운동'의 주인공인 로사 팍스의 이야기를 바탕으로 만들어진 그림책이다.

그 당시 미국에 존재했던 '짐 크로우'라는 흑인 차별법에 따라 버스에서 흑인과 백인은 다른 자리에 앉아야 했다. 하지만 그림책의 주인공 사라는 이를 거부한다. 모두가 옳지 않은 줄 알면서도 법으로 정한 일이라 따를 수밖에 없었지만 사라는 그러한 법에 굴하지 않고 용기를 내어 앞자리에 앉았다. 그리고 그 사건은 부당한 법을 바꾸는 불씨가 되었고, 결국에는 법이 폐지되었다.

이 이야기는 어린이들에게 옳은 길을 택할 수 있는 용기와 자신감을 불어넣어 준다. 주인공 사라의 감정이 어떨지 생각하며 읽어 보자.

1. 그림책을 보기 전에

- 가수 인순이, 배우 다니엘 헤니, 미식축구 선수 하인스 워드의 공통점은 무엇일까요?
- 세 사람 중에 누가 가장 살기가 편했을까요?
- 여러분은 백인과 흑인을 보면 어떤 생각이 드나요?
- 다음 공익 광고를 보고, 차이와 차별에 대해 알아봅시다.

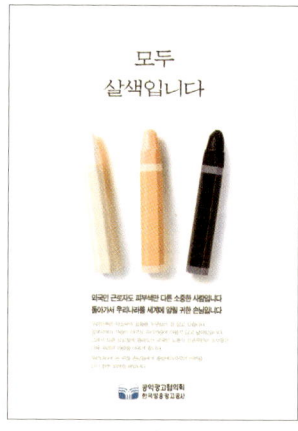

- 차이란? 어떤 두 개 이상의 사물이나 상황이 서로 다르다는 것을 말해요.
- 차별이란? 둘 이상의 대상을 각각 다른 잣대나 다른 방법으로 구별하는 거예요.
- 차이로 차별하지 않는 것. 다양성을 인정하는 것은 더불어 살아가는 데 가장 중요한 태도라고 생각해요.

- 1950년대 미국에서는 버스를 탈 때 백인은 앞자리에, 흑인은 뒷자리에 앉아야 하는 법이 있었어요. 흑인인 사라가 버스 앞자리에 당당히 앉을 수 있게 되기까지 어떤 일이 벌어졌을지 상상해 보세요.
- 자, 이제 인종차별에 맞선 용기 있는 아이의 이야기를 함께 들어 볼까요?

2. 그림책을 보고 나서

- 서문에 실린 로사 팍스의 글과 사라 이야기는 어떤 관계가 있을까요? (서문을 함께 읽고 로사 팍스에 대해 인지할 수 있도록 한다.)
- 버스 운전사와 함께 온 경찰관은 "너희 같은 사람들은 버스 뒷자리에 앉아야 한다."라고 했어요. 여기서 '너희 같은 사람들'이란 말은 어떤 의미인가요?
- 경찰서로 찾아온 엄마는 "경찰들이 진짜 범죄자들을 잡으러 가야 할 때인 것 같구나."

라고 했는데, 무슨 뜻이 담긴 말일까요?
- 사라의 행동이 경찰서에 끌려갈 만한 행동이었을까요? 그렇다고 생각하면 왜 그런지, 아니라고 생각하면 왜 그런지 말해 보세요.

함께 보아요!

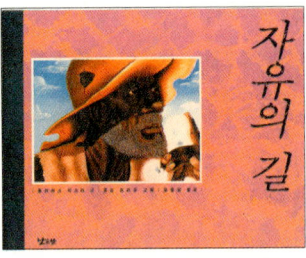

자유의 길
줄리어스 레스터 글 | 로드 브라운 그림 | 낮은산

미국의 노예 제도에 관한 이야기를 담은 그림책이다. 그 당시 노예였던 흑인들의 고통과 슬픔이 담겨 있다. 이 책을 보면 우리는 자유를 알고 있는지, 아이들에게 제대로 자유를 가르치고 있는지 생각하게 된다. 책의 마지막에는 다음과 같은 글이 써 있다.

자유, 자신과 자신이 살아온 시간에 책임을 지는 일.
자유, 자신을 인정하는 일.
자유, 자신이 스스로 주인이 되는 일.
자유, 어떻게 지켜 가야 할지 지금도 배워야 하는 일.

깜근이 엄마
코시안을 주제로 한 한국 드라마. 다문화인이 살아가면서 겪는 어려움과 타인과의 의사소통 문제에 대한 이야기다. SBS 추석 특집극. (2006년 10월 7일 방영)

'차별'과 '진정한 용기'에 대해 생각해 보기

- 《사라, 버스를 타다》 서문에 로사 팍스는 "어린 시절에 나는, 옳은 것을 주장하는 것이 얼마나 중요한지를 아주 일찍부터 배웠습니다. 어머니와 할머니 할아버지께서

가르쳐 주셨지요. 다른 사람들의 반대에 부딪칠지라도, 우리가 옳다고 믿는 것을 지켜야 할 때가 인생에서 한 번은 꼭 온다고 말입니다."라고 썼습니다. 다른 사람들이 반대할지라도 자신이 옳다고 믿는 것을 주장한 적이 있나요? 그런 적이 있다면 그 경험을 말해 보세요.

- 사라의 행동을 보면서 진정한 용기가 무엇인지 생각해 보세요.
  - 사라가 다른 흑인들처럼 버스 뒷자리에 앉았다면 어떻게 되었을까요?
  - 다른 흑인들은 버스 뒷자리만으로도 만족하고 살았어요. 하지만 사라는 흑인에게 금지된 앞자리로 나아갔어요. 사라의 행동을 보며 용기가 필요한 때는 언제인지 생각해 보세요.
  - 사라가 버스 앞자리에 앉자 운전사는 뒤로 가라고 했어요. 사라가 운전사의 말을 듣지 않자 사람들은 어떤 말을 했나요? 그리고 여러분이 그 자리에 있었다면 사라에게 어떤 말을 했을지 이야기해 보세요.
  - 사라와 엄마가 버스를 타지 않고 걷자 다른 사람들도 뒤따라 걷기 시작했어요. 왜 그랬을까요?
  - 사라의 행동을 보고, 용기란 무엇인지 이야기해 보세요.
- '짐 크로우 법'에 대한 여러분의 생각을 이야기해 보세요.

짐 크로우 법
- 흑인은 버스 앞자리는 백인에게 양보하고 뒷자리에 앉아야 한다.
- 흑인은 공공장소에서 백인과 같은 출입구를 사용할 수 없다.
- 흑인은 백인과 같은 장소에서 식사를 할 수 없다.
- 흑인은 백인과 같은 탈의실에서 옷을 갈아입을 수 없다.

- 여러분이 차별받았던 경험을 이야기해 보세요. 그리고 여러분의 경험과 연관 지어 왜 차별을 하지 말아야 하는지 생각해 보고 글로 써 보세요.

이런 활동도 있어요!

- 우리나라에 와서 일하는 외국인 노동자들이 우리나라 사람들에게 차별 받은 이야기를 들어 본 적이 있는지 적어 보고, 우리가 그들을 위해 할 수 있는 일은 무엇이 있을까 생각해 보기
- 인권은 인간으로서 당연히 가지는 기본적 권리다. '누구나 평등한 권리를 누릴 수 있도록 인권을 지켜 주세요.'라는 주제로 공익 광고 만들기, 포스터 꾸미기, 표어 만들기 등과 같은 활동해 보기
- 버스 앞자리에 앉았다는 이유로 경찰서에 끌려온 사라 사건에 대해 각자 판사, 검사, 변호사, 피고, 증인 등의 역할을 맡아 재판극 해 보기

《사라, 버스를 타다》를 읽고 쓴 글

나도 사라처럼 용감하면 좋겠다. 앞으로는 쓸데없는 데서 용감하지 말고 사라처럼 필요한 데서 용감해야겠다. 흑인들이 너무 불쌍하다. 흑인으로 태어나고 싶어서 흑인으로 태어난 것도 아닌데 흑인들은 버스 뒤에 타야 된다는 엉터리 법들이 있기 때문이다. 앞으로는 흑인들을 놀리지 말아야겠다고 다짐했다.　　　　　　　　－박다솜

사라는 흑인이지만 남 앞에서 당당하고 용기가 있다. 당당한 모습을 닮고 싶다. 이 세상은 넓지만 차별의 세상은 더 넓은 것 같다.　　　　　　　　－박예림

〈깜근이 엄마〉를 보고 쓴 글

피부색이 다르면 어때?

〈깜근이 엄마〉에서 다문화인으로 태어난 명근이가 학교에서 피부색이 다르다는 이유와 공부를 못한다는 이유로 왕따를 당했다. 다문화인도 같은 민족이 아닌가? 그럼 다문화인으로 태어난 다니엘 헤니, 데니스 오, 인순이 등과 같은 사람들도 차별해야 되지 않나? 우리가 얼마나 잘났다고 멋지고 예쁘게 생긴 사람들만 받아들이고…… 참 이해가 안 간다. 나 같으면 다문화인도 우리 한국인처럼 대할 것이다. 명근이는 나이도 어린데 친구들에게 따돌림을 받으니 얼마나 마음이 아팠을까? 내가 명근이라도 가슴이 찢어질 듯 아팠을 것이다. 우리나라에서 남녀 차별이나 인종 차별이 없어지면 좋겠다.

－김현희

다문화인에 대한 편견

이걸 보고 나니 다문화인에 대한 편견이 싹 없어진다. 다문화인은 우리와 피부색이 다르니까 이상하다고 생각했는데 이제는 아니다. 다문화인을 보게 되면 마음속으로라도 힘내라고 상처 받지 말라고 응원해 주고 싶다. 그리고 국제결혼이 나쁘지는 않은 것 같다. 다른 나라의 문화도 배울 수 있는데 왜 나쁘다고 생각하는지……. 하여튼 다문화인에게는 우리의 한마디가 상처가 될 수 있으니 조심해야겠다.

－김수정

다문화인도 피부색만 다를 뿐 같다

다문화인도 일반 아이들과 피부색만 다를 뿐 모두 같은 사람이다. '다문화인은 일반 아이들과 달라!'라는 편견은 버리도록 해야겠다. 이런 편견은 다문화인을 차별하는 것이고 상처를 주는 것이다. 요즘 외국인 노동자들이 우리나라에 들어와 결혼해서 아이들을 많이 낳는데 우리 학교에 그런 아이가 온다면 잘해 줘야겠다.

－정민아

넷
서로 달라서 좋아요

달라서 좋아요!
후세 야스코 글·그림 | 대교출판

　동그라미와 세모가 각자의 부족한 면을 보완해 주면서 서로의 좋은 점을 찾게 되는 이야기다. 그림만 봐도 이야기의 흐름을 충분히 짐작할 수 있다.

　동그라미와 세모는 본질적으로 다르다. 동그라미는 잘 굴러가는 반면, 세모는 잘 굴러가지 않는다. 그런 동그라미와 세모는 서로 달라서 싫다고 하는 게 아니라 서로 달라서 좋다고 한다. 있는 그대로의 모습을 인정해 주는 거다. 비탈길을 내려갈 때 동그라미는 세모를 도와주고 낭떠러지에서 멈춰야 할 때 세모는 동그라미를 도와준다. 서로 다르기 때문에 도와줄 수 있는 것이다.

　사람들은 자기와 공통점이 있으면 안정감을 느끼지만 조금만 달라도 불안을 느끼며 상대를 멀리하려 한다. 이 책은 나와 다른 사람을 포용하고 받아들이며 함께 살아가는 것이 중요하다는 것을 어린이들에게 전해 준다.

1. 그림책을 보기 전에
- 세상 사람들 혹은 우리 반 친구들의 생김새와 성격이 다 똑같다면 어떻게 될까요?
- 오늘 읽을 책은 《달라서 좋아요!》예요. 서로 다르면 무엇이 좋을까요?

2. 그림책을 보고 나서
- 동그라미와 세모가 다른 점은 무엇인가요?
- 동그라미와 세모가 달라서 좋은 점은 무엇인가요?
- 주변에 나와 다른 사람들은 누가 있나요? 어떤 점이 다른가요?
- 그들이 나와 달라서 좋은 점은 무엇인가요?

누가 일등일까요?

시아오메이시 글·그림 | 예림당

나와 다른 시각을 갖고 있는 친구를 이해하고 받아들일 수 있는 마음을 갖게 하는 책이다. 이 책은 보는 시선에 따라 다른 느낌의 그림이 탄생할 수 있다는 것을 알려 준다.

별별 이야기

장애인의 현실을 다룬 〈낮잠〉, 사회적 소수자의 차별을 다룬 〈동물농장〉, 사회에 만연한 고정된 남녀 성 역할을 지적한 〈그 여자네 집〉, 외모 차별을 다룬 〈육다골대녀(肉多骨大女)〉, 이주노동자 이야기를 다룬 〈자전거 여행〉, 입시 위주의 교육 문제를 꼬집은 〈사람이 되어라〉로 이루어진 총 여섯 편의 옴니버스 형식의 장편 애니메이션이다.

달라서 좋은 점 찾아보기

- 우리 모둠 친구들도 모두 나와 달라요. 외모도 다르고 성격도 다르고, 좋아하는 것, 잘하는 것도 다르지요. 그래서 가끔 다툼이 생기기도 하지만 분명 달라서 좋은 점들이 있을 거예요. 달라서 좋은 점을 찾아보고 서로 이야기해 보도록 해요. 모둠에서 한 명씩 돌아가며 말해 보세요.
- 무엇이든 잘하는 엄마 친구 아들 '엄친아'와 비교되는 우리, 그러나 다름을 인정하고 나를 있는 그대로 사랑하는 것이 중요해요. 그런 의미에서 내가 친구들과 달라서 좋은 것을 생각해 보고 '나도 달라서 좋아요'라는 주제로 글을 써 보세요.

이런 활동도 있어요!

- 《달라서 좋아요!》처럼 친구가 잘하는 것과 내가 잘하는 것을 합해 더 멋진 둘이 되는 것을 생각해 써 보기
- 내가 일등인 것 찾기. 《누가 일등일까요?》를 읽고 사소한 것이지만 내가 정말 잘하는 것을 찾고 자랑하기

《달라서 좋아요!》를 읽고 쓴 글

동그라미가 세모한테 잘 안 굴러간다고 놀렸으면 동그라미는 떨어졌을 것이다. 동그라미와 세모가 서로 차별했다면 무슨 일이 일어날지 모른다. 차별하지 않고 서로 도우면 좋구나.

-김진식

동그라미와 세모가 그냥 굴러가지 않고 잘 굴러가는 동그라미가 세모를 안고 간 것처럼 우리도 장애인과 함께 가야겠다. 서로 다르기 때문에 장점도 다르고 그래서 함께 살아갈 때 더 행복할 수 있다는 것을 알았다.
-우예림

'나도 달라서 좋아요'라는 주제로 쓴 글

나는 혜성이보다 공부를 못하지만 피아노를 잘 친다. 혜성이랑 달라서 좋다. 나는 세아보다 얼굴이 안 예쁘지만 친구와 잘 논다. 세아랑 달라서 좋다. 나는 다른 친구들보다 머리가 짧아서 안 예쁘지만 머리 감기 쉬워서 좋다. 다른 친구들이랑 달라서 좋다. 나는 효정이보다 키가 작지만 좁은 곳을 잘 들어갈 수 있어서 좋다. 효정이랑 달라서 좋다. 세상 모든 것이 장점과 단점이 있다.
-이채원

옆집 아들은 3학년인데 한자를 2급까지 땄다고 하지만 나는 그 아이보다 영어를 훨씬 잘한다. 내가 아는 동생은 춤을 잘 추지만 나는 노래를 잘 부른다. 아빠 친구 아들은 수학을 잘하지만 난 그 아이보다 논술을 잘한다. 엄마 친구 아들보다 공부는 못하지만 난 친구가 많다.
-김민지

〈별별 이야기〉의 '동물농장'을 보고 쓴 글

나와 다르다고

뿔까지 자르고 자살까지 하려고 하다니 차별이 끔찍하게 무서운 것인지 이제야 알았다. 같은 팀이 아니라고 안 놀아 주고 싫어하는 행동은 없어지면 좋겠다.
-장소연

"너도 우리들처럼 차별이나 편견을 버려! 같이할 수 있다는 생각을 가지렴!" 하고 나에게 힘을 주는 것만 같다. 나도 염소에게 한마디 하고 싶다. "친구들이 또다시 너를 차별한다면 친구들에게 말해. 아무리 모습이 달라도 우리는 같은 동물들이라고. 그러니 함께 있고 싶고, 차별하지 말라고."

―김하은

나와 다를 뿐이야

단지 외모만 다르다는 이유로 학대받는 염소를 보고 '차별당하는' 사람들의 마음을 알 것 같다. 나와 다른 사람을 만나면 다른 점을 인정하고 똑같이 대하겠다.

―김민지

《누가 일등일까요?》를 읽고 내가 잘하는 것 자랑하기

샤프 고장 나면 나 불러!

사소하지만 잘할 수 있는 건 바로 샤프를 고치는 일이지. 샤프심만 사면 난 샤프 한 자루 가지고 1년은 쓸 수 있을 거야. 어느 날 영어 학원에서 아는 언니의 샤프가 고장이 났지. 그래서 내가 말했어. "내가 고쳐 줄까? 나 잘 고치는데." "괜찮아. 아무리 잘 고치는 너라도 못 고칠걸?" 뚝딱 고쳐 건넸더니, 언니는 "이야, 너 진짜 잘 고친다. 고마워."라고 말했다. 내가 어깨를 으쓱거리며 "봐, 나중에 샤프 고장 나면 또 나 불러."라고 했더니, "고마워 내가 내일 맛있는 거 사 줄게. 토스트?" 내일은 기쁜 마음으로 학원에 올 것 같다.

―유하나

손이 묘기하다

난 손으로 묘기를 잘한다. 손으로는 코브라도 만들고 말 달리는 소리도 내고 드럼도 친다. 또 고무줄 한 개 가지고 오만 걸 다 만든다. 왕관, 별, 로켓, 화살표, 쌍별 등을 만들 수 있다. 친구들한테 배운 건데 처음엔 안 돼서 짜증났지만 연습하니 다 되었다. 손재주는 내가 1등이다.

-황수종

종효 덕분이야!

나는 내가 사는 동의 사람들을 다 알고 있다. 다 아는 이유는 엘리베이터에서 만나는 사람들에게 인사를 하기 때문이다. 일곱 살 때까지만 해도 인사를 잘하지 않았다. 그런데 옆집에 안종효라는 친구가 있었는데 그 애는 인사를 아주 잘했다. 그래서 칭찬을 많이 받았다. 그것을 보고 "아! 나도 인사를 해야지."라는 생각을 했다. 그 뒤로는 인사를 잘해서 칭찬을 많이 받는다. 다 종효 덕분이다.

-정민아

식구들이 있어 행복한

5월

- 우리 아빠 명함을 보면 사람들이 부러워해요.
- 엄마가 힘들면 우리도 힘들어요. 행복은 함께 만들어 가는 것.
- 미워도 사랑할 수밖에 없는 동생, 언니, 형, 누나.
- 할머니, 할아버지께 드리는 감사의 편지.

하나
아빠와 함께

고릴라
앤서니 브라운 글·그림 | 비룡소

　앤서니 브라운의 작품에는 유난히 침팬지와 고릴라가 많이 등장한다. 그것은 그가 어렸을 때 본 영화 〈킹콩〉에서 깊은 인상을 받았고, 고릴라가 돌아가신 자신의 아버지를 떠올리게 해 주기 때문이라고 한다.

　한나는 고릴라를 보러 아빠와 동물원에 가고 싶지만 아빠는 많이 바쁘다. 아빠는 그런 한나에게 생일 선물로 고릴라 인형을 사 준다. 한나가 원하는 것은 고릴라 인형이 아니었기에, 한나는 고릴라 인형을 방구석에 치워 두고 잠이 든다. 꿈속에서 한나는 진짜 고릴라가 된 인형과 동물원에도 가고 영화도 본다. 아빠와 하고 싶었던 일들을 고릴라와 하며 행복한 시간을 보낸 것이다. 아침에 한나는 옆에 누워 있는 고릴라 인형을 보며 행복하게 웃는다. 한나의 외로움을 표현한 차갑고 어두운 색의 그림은, 고릴라를 만나 행복해지면서 따뜻한 색으로 바뀐다.

못생기고 무섭게 생겼지만 한나를 행복하게 해 준 고릴라를 보고 있으면 아빠의 모습이 떠오른다. 한나와 함께하고 싶은 아빠의 마음이 고릴라 인형을 통해 한나에게 전해진 게 아닐까 생각하게 만드는 그림책이다.

1. 그림책을 보기 전에

- 고릴라를 보면 식구들 가운데 누가 떠오르나요?
- 동물원이나 TV에서 고릴라를 본 적이 있나요? 어떤 느낌이 들었나요?
- 표지에서 여자아이와 고릴라는 함께 무엇을 하고 있나요?

2. 그림책을 보고 나서

- 한나가 아빠와 함께 동물원에 가서 고릴라를 보지 못한 까닭은 무엇이었나요?
- 꿈속에서 고릴라와 함께 시간을 보낸 한나의 마음은 어떨까요?
- 여러분도 한나처럼 아빠와 함께 하고 싶은 일이 있었는데 하지 못했던 경험이 있나요? 무엇이었나요? 왜 못했나요?
- 작가는 고릴라를 볼 때면 돌아가신 아빠 생각이 난다고 합니다. 여러분에게도 아빠를 생각나게 하는 무엇이 있나요?

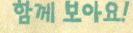

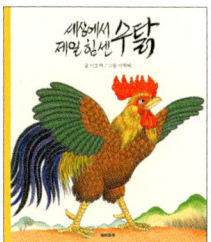

세상에서 제일 힘센 수탉

이호백 글 | 이억배 그림 | 재미마주

이 그림책을 보다 보면 "아빠도 한때는 이런 적이 있었단다."라고 말하고 싶어진다. 세상에서 가장 힘센 수탉에서 이제 세상에서 가장 행복한 수탉이 된 이야기이다.

아빠 명함 만들기

- 피곤하고 바빠서 여러분과 함께하지 못하는 아빠의 마음은 어떨까요?
- 지금 여러분의 아빠는 무엇을 하고 있을까요? 한나의 아빠처럼 아빠가 지치고 힘들 때 우리가 아빠에게 해 줄 수 있는 일은 없을까요?
- 아빠가 바쁘고 피곤해서 힘들 때 힘을 낼 수 있도록 선물을 주면 어떨까요? 세상에서 우리 아빠만 가질 수 있는 아빠의 명함을 만들어 봐요.
- 명함의 크기는 아빠의 지갑에 들어갈 수 있도록 만들고(A4 8분의 1 크기), 명함의 앞면에는 아빠의 이름과 자랑거리를 적어 보세요. 명함의 뒷면에는 아빠에게 힘이 될 수 있는 말을 적어 보세요.

명함의 앞면	명함의 뒷면
아빠 이름, 연락처 아빠의 자랑거리	아빠에게 힘이 될 수 있는 말

이런 활동도 있어요!

◆ 지금 아빠한테 필요한 건 무엇일까? 아이디어 상품 쓰고 선물하기

직접 만든 아빠 명함

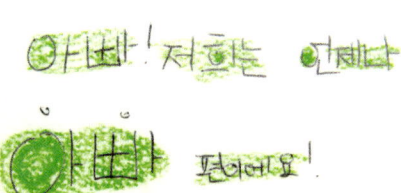

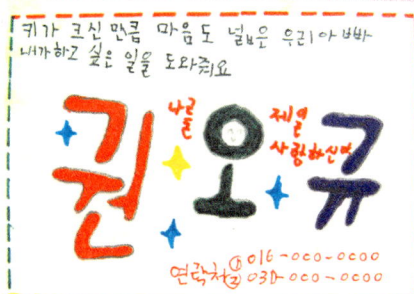

지금 아빠에게 필요한 건?

- 주말에 편하게 잘 수 있는 '괴롭힘 없는 잠 상품권'
- 아침에 차 타고 회사까지 1초면 갈 수 있는 '순간 이동 상품권'
- 차에서 졸리면 알아서 운전해 주는 '알아서 자동차'

— 한혜성

- 술을 많이 마셔서 간이 나쁜 아빠가 먹으면 간이 최고의 상태로 돌아가는 '슈퍼 간 주스'
- 지현이 효도 많이 받기 위해 수명을 30년 연장해 주는 '30년 더 살기 티켓'
- 오래 서 있어서 발이 아픈 아빠를 위한 폭신폭신한 '구름 신발'
- 아빠가 힘들 때 바르면 분신이 생기는 '분신 크림'

— 최지현

- 광우병 백신이 필요해요. 매일매일 고기에 칼질을 하시거든요.
- 손 100개가 달린 장비가 필요해요. 매일매일 손을 다치거든요.
- 슈퍼 면도기가 필요해요. 털이 삐죽삐죽 나와 뽀뽀할 때 아프거든요.
- 안 더러워지는 옷이 필요해요. 피가 옷에 묻으니까요.

— 손효정

- 사업을 하실 때 아이디어가 펑펑 나오는 '아이디어 뽑기 기계'
- 휴일, 자신만의 휴식 공간을 가질 수 있는 '휴식 텐트'
- TV를 보고 싶어 하는 아빠에게 '채널 상품권'
- 피부가 건조한 아빠에게 '초고속 탱탱 에센스'
- 집안일을 90% 담당하는 아빠에게 '역할 분담권'

— 김민지

둘
엄마, 힘내세요!

돼지책
앤서니 브라운 글·그림 | 웅진주니어

표지에 그려진 아빠와 두 아들을 업고 있는 엄마의 모습은 힘들다 못해 금방이라도 쓰러져 버릴 것 같다. 엄마 등에 업혀 밝게 웃고 있는 아빠와 아이들의 표정과 엄마의 어두운 얼굴이 너무나 대조적이다.

풍자의 대가 앤서니 브라운은 《돼지책》을 통해 현대 사회에서 여성의 삶이 어떠한지를 알려 주고, 가정이 행복하기 위해서는 구성원들이 함께 노력해야 한다는 것을 이야기하고 있다.

환하게 웃고 있는 아빠와 두 아이의 얼굴과는 달리 엄마의 얼굴에서는 행복을 찾아볼 수가 없다. 그런 생활에 지쳐 버린 엄마는 결국 "너희들은 돼지야."라고 쓴 쪽지를 남기고 집을 나간다. 엄마의 글은 현대 사회에서 가정을 이루고 살아가는 모든 사람들에게 가정에서 자신의 역할을 되돌아보게 만든다.

점점 돼지로 변해 가는 아빠와 아이들을 보고 있으면 절로 통쾌한 마음이 든다. 게다가 책 곳곳에 숨어 있는 돼지 그림을 찾는 재미도 쏠쏠하다. 단, 그림 보는 재미에 푹 빠져들다 보면 작가가 책을 통해 하고 싶은 이야기를 놓칠 수 있으니 주의해야 한다.

1. 읽기 전 조사하기
- 우리 집에서 집안일을 가장 많이 하는 사람은 누구일까요? 일주일 동안 집에서 식구들을 관찰해 보고 누가 어떤 집안일을 얼마나 하는지 조사해 보세요.

2. 그림책을 보기 전에
- 우리 집에서 집안일을 가장 많이 하는 사람은 누구인가요? 여러분이 조사한 내용을 발표해 보세요.
- 오늘 함께 볼 그림책은 《돼지책》이에요. 표지의 그림을 보세요. 어떤 모습인가요? 아빠와 아이를 업고 있는 엄마의 마음은 어떨까요?
- 엄마의 표정과 아빠, 아이들의 표정이 다릅니다. 왜 다를까요?
- 작가는 왜 제목을 '돼지책'이라고 했을까요? 그림책을 보면서 제목이 '돼지책'인 이유를 찾아보세요.

3. 그림책을 보고 나서
- 《돼지책》에 나오는 사람은 피곳 씨와 두 아이들 사이먼과 패트릭입니다. 그럼 엄마의 이름은 무엇일까요?
- 엄마가 집을 나간 후 아빠와 아이들이 점점 돼지로 변한 까닭은 무엇일까요?
- 엄마가 돌아오고 아빠와 아이들이 집안일을 할 때 엄마의 마음은 어떨까요?

엄마를 화나게 하는 10가지 방법

실비 드 마튀이시윅스 글 | 세바스티앙 디올로장 그림 | 어린이작가정신

엄마를 화나게 하는 방법이 한 가지도 아닌 열 가지라니! 아이들에게는 알려 주고 싶지 않은 그림책이다. 하지만 책과 반대로 한다면? 엄마를 기쁘게 하는 열 가지 방법을 배울 수 있는 책이다. 2탄 《아빠를 화나게 하는 10가지 방법》도 함께 읽어 보면 좋을 것이다.

엄마 상장 만들기

- 만약 여러분이 혼자 집안일을 다 한다면 어떤 기분이 들까요?
- 집안일도 많이 하고 식구들을 위해 항상 애쓰시는 엄마에게 여러분이 상장을 만들어 주세요. 세상에서 우리 엄마만 받을 수 있는 상장 말이에요.
- 엄마에게 어울리는 상 이름을 생각해 보고, 상 이름에 맞는 엄마의 자랑거리를 적어 보세요.

◆ **우리 집 우렁 각시**

우렁 각시 이야기 알지요? 여러분이 식구들을 위해 할 수 있는 일을 비밀리에 실천하는 거예요. 우렁 각시 활동을 하면서 우리 식구들이 어떻게 반응하는지 잘 살펴보세요.

◆ **엄마 발 씻어 드리고 시 쓰기**

엄마에게 드리는 상장

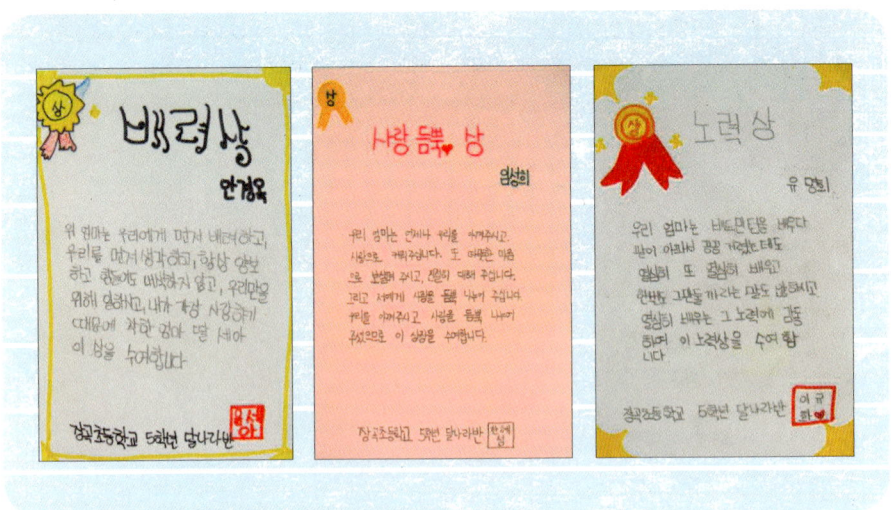

'우리 집 우렁 각시' 활동하고 소감 쓰기

처음에는 '우리 선생님이 왜 이런 걸 시키지? 해야 할 일도 많은데.'라고 생각했다. 그러나 지금은 아니다. 엄마 나가시고 쭈그려 앉아 걸레를 빨았다. 솔로 문지르는 것까지는 괜찮았는데 계속 앉아 있으니 다리가 저렸다. 30분 만에 겨우 다 빨았다. 걸레를 잡으면 먼지가 우수수 떨어져 '아이~ 엄마는 걸레를 빤 거야, 만 거야?'라고 생각했다. 앞으로는 그러지 말아야겠다. '엄마는 걸레 빠실 때 힘드셨나 보다.' —주현진

학교에서 돌아오니 엄마가 없었다. 거실에 있는 물건을 치우고 카펫이랑 이불을 걷어 이불은 개고 카펫은 내 방에 깔았다. 그다음에 식탁에 있는 물컵들을 설거지했다. 엄마가 오셔서 "와! 우리 성춘이 잘했네." 하셨다. 칭찬을 들으니 무척 기뻤다. —조성춘

엄마 발 씻어 드리고 시 쓰기

엄마 발을 씻다가

신나희

이제 내가 엄마 발을 씻겨 준다.
엄마는 좋으시면서도
"뭐하러 해, 안 해 줘도 되는데."
그러고는 나중에
"우리 딸 다 컸네."
라는 말씀.

엄마의 주름진 발을 만지면서
엄마의 못생긴 발을 만지면서
지금까지 한 번도 엄마의 발을 씻겨 주지 않았던 나.

죄송스럽다.

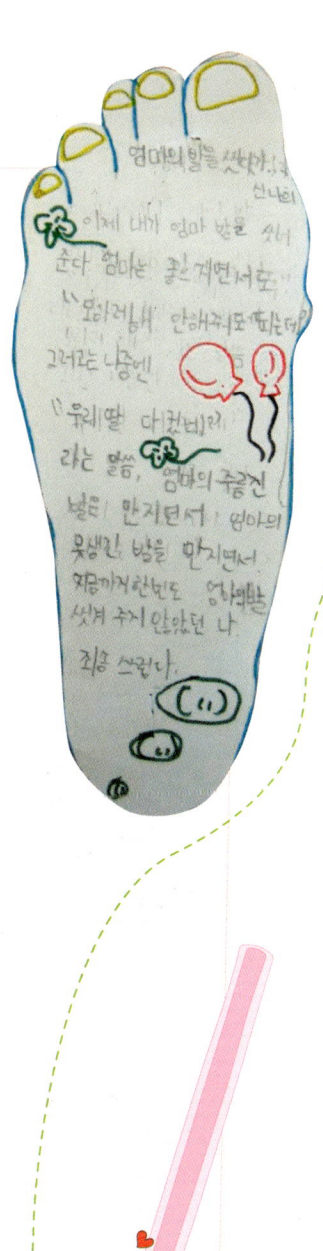

셋
너와 난 형제야!

 책 이야기

내 동생 싸게 팔아요
임정자 글 | 김영수 그림 | 아이세움

형제의 관계는 풀리지 않는 수수께끼다. 세상에서 둘도 없는 사이였다가도 어떤 날은 없으면 좋겠다고 생각하는 사이가 되기도 한다. 이런 아이들의 마음을 작가는 짱짱이가 동생을 팔러 간다는 설정을 통해 자연스럽게 이야기하고 있다.

짱짱이는 얄미운 동생을 남에게 팔아 버리고 싶어 한다. 그래서 동생을 팔러 시장에 가는데, 그때 만난 사람들에게 "내 동생은요, 얼마나 얄미운데요. 나한테 대들고 나쁜 말도 하면서 엄마 아빠 앞에선 이쁜 척해요."라고 말한다.

이런 말을 듣고 사람들이 동생을 사려고 할까? 아무도 사지 않자 짱짱이는 순이에게 동생을 거저 준다고 한다. 하지만 순이는 "거저 줘도 싫어."라고 말한다. 그 소리를 들은 짱짱이는 동생을 팔기 위해 동생의 장점을 하나씩 말해 준다. 동생은 생각보다 장점이 많다. 짱짱이는 그런 동생을 거저 주기 아깝다는 생각을 하게 된다. 결국 짱짱이는 동생을 팔지 못하고 집으로 돌아온다. 단순한 이야기 구조지만 형제의 관계를 다시 한번 생각하게 하는 그림책이다.

1. 그림책을 보기 전에

- 누나는 왜 동생을 팔려고 할까요? 여러분도 동생이나 형 또는 언니나 오빠를 팔아 버리고 싶었던 경험이 있나요? 있다면 언제 팔아 버리고 싶었나요?
- 누나는 동생을 팔 수 있을까요? 팔았다면 얼마에 팔았을까요? 그림책을 보면서 알아보도록 해요.

2. 그림책을 보고 나서

- 짱짱이는 왜 동생을 팔려고 했나요?
- 거저 준다고 해도 싫다는 순이에게 짱짱이는 어떤 이야기를 했나요?
- 짱짱이가 동생을 팔지 못한 까닭은 무엇인가요?
- 마지막 장면에서 동생이 짱짱이의 머리를 잡아당길 때 짱짱이의 마음은 어땠을까요?

터널

앤서니 브라운 글·그림 | 논장

서로 너무나 다른 오빠와 여동생은 사이가 좋지 않았지만 이상한 터널에 들어간 뒤 화해를 하게 된다. 어려울 때 힘이 되어 줄 수 있는 관계가 형제라고 말해 주는 그림책이다.

'내가 해 줄게 딱지' 만들기

- 좋은 동생이나 형, 오빠, 누나가 되는 방법은 없을까요? 형이나 동생, 언니나 오빠에게 나의 마음을 전하면 어떨까요? 내가 형이나 동생 언니나 오빠에게 무엇이든 해 줄 수 있는 사람이라는 것을 보여 주도록 해요.
- 동생이나 형이 하기 싫은 일이 생겼을 때 대신해 줄 수 있는 '내가 해 줄게 딱지'를 만들어 선물해 주도록 해요. 형제가 없다면, 아래처럼 형제가 생기면 하고 싶은 일을 써 보도록 해요.

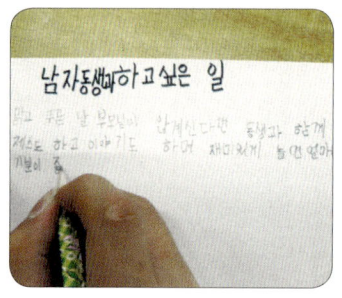

- 딱지 앞면에는 '내가 해 줄게 딱지'라고 예쁘게 꾸며 쓰고, 뒷면에는 내가 해 줄 수 있는 일들과 유의사항 등을 적습니다.

이런 활동도 있어요!

- ◆ 형제에게 편지를 쓰고 책받침 만들어 주기
- ◆ 5월 가정의 달을 맞이하여 우리 가족 소개 글 써 보기
  (엄마, 아빠나 동생, 형의 성격에 대해 쓸 때는 있었던 일이나 행동을 예로 들어 설명하도록 한다.)

'내가 해 줄게 딱지'
활동 후 글쓰기

내가 해 줄게!

학년   반   이름:

동생(혹은 언니, 누나, 오빠, 형)을 위해 준비한 색다른 선물은 잘 주고 잘 받았지요? 어떤 걸, 왜 원해서 어떻게 해 주었는지, 대신해 주니 반응은 어땠는지, 대신해 주면서 있었던 일들을 자세하게 써 보세요.

선물을 받은 동생(혹은 언니, 오빠, 누나, 형)은 우리 반 친구들이 쓴 글 아래에 소감을 쓰세요.

'내가 해 줄게 딱지' 만들기

'내가 해 줄게 딱지' 만드는 모습

딱지 앞면

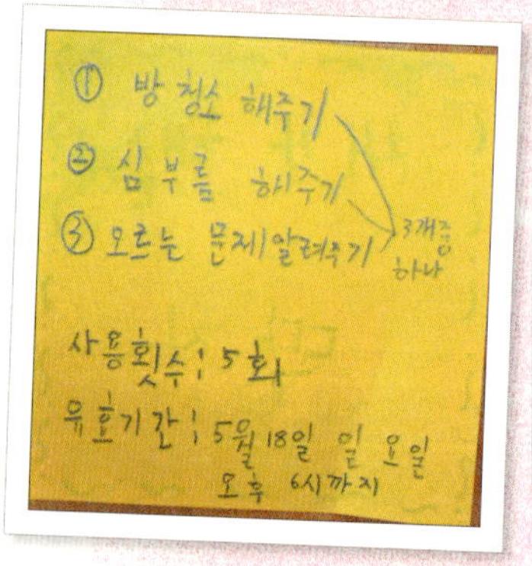

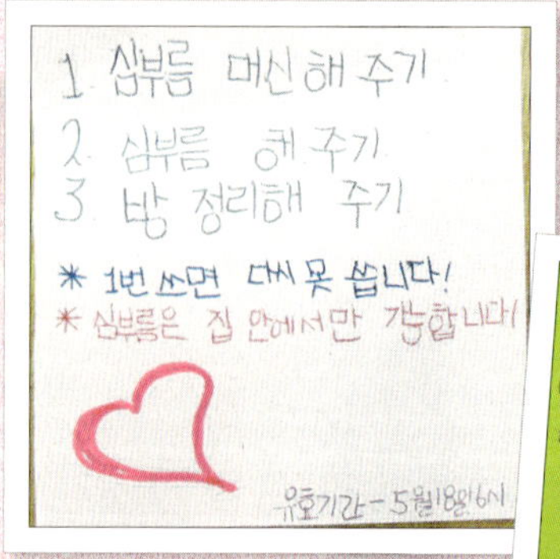

딱지 뒷면

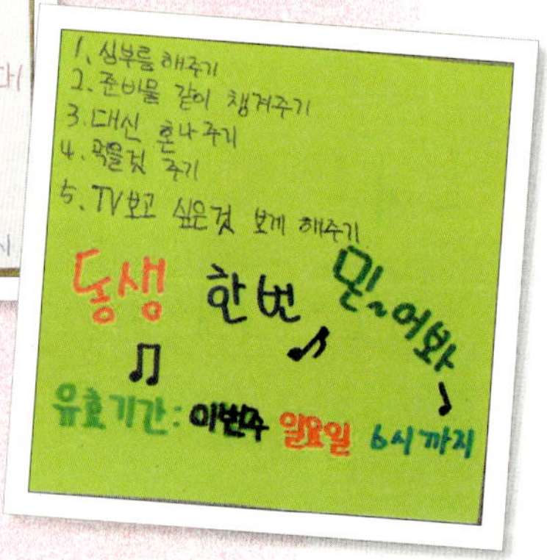

'내가 해 줄게 딱지' 활동 소감문

웃음 한가득

처음에는 무엇으로 정할까? 고민도 했었는데 잘 생각해서 심부름 대신해 주기와 리모콘 양보해 주기, 오빠한테 대들지 않기, 하루만 하인해 주기로 정했다. 대신해 주니 기분이 좋고 행복하게 웃을 수 있어서 좋았다.
— 박연희

> 연희가 예전에는 많이 대들고 그래서 많이 싸웠는데 이번 기회로 많이 웃게 되었고 싸우지도 않았다. 연희가 15초간 웃으면 살이 빠진다고 했는데 50초 정도 웃은 것 같다. 이번 기회로 연희와 싸우지 않아야겠다.
> — 오빠가

내가 언니 사랑하는 거 알지?

언니가 아주 귀찮아 하는 이불 개기부터 구석구석 방청소와 사랑하는 언니를 위해 컴퓨터 양보해 주기까지. 아~ 힘들다. 그래도 사랑하는 언니를 위해 해서 그런지 힘들어도 다시 기운이 생기고, 언니와 나의 우애도 깊어진 것 같다. 언니! 내가 평소에 짓궂고, 힘들게 해서 미안하고, 앞으로도 내가 자주 이런 딱지를 만들어 줄게. 언니가 내 곁에 언제나 있다는 것이 정말 행복해. 언니 사랑해♡
— 한혜성

> 이런 기간뿐만 아니라 평소에도 열심히 심부름을 해 주길 바랄게. 혜성이의 귀여운 손으로 만든 딱지도 무척 아기자기했어. 고마워!
> — 언니가

누나가 세상에서 너를 제일 사랑해

동생이 색다른 선물을 받고 어떤 반응을 보일지 궁금해 집으로 달려갔어. 집에 동생이 없어 편지도 썼어. 세상에서 제일 사랑한다고 말이야. 동생이 저녁밥을 먹고 있기에 선물을 주섬주섬 준비했어. "동생! 내가 세상에서 너를 제일 사랑해. 어떨 때 보면 얄밉기도 하지만 말이야." "누나, 나도 누나 사랑해." 그때 얼마나 썰렁하고 어색했는지 몰라. 얼마나 서로 사랑한다고 말을 안 했으면 이럴까? 이 기회에 동생과 더 친해진 것 같아 기분이 좋아. 요즘엔 나한테 동생이 말도 예쁘게 해. 동생아, 세상에서 제일 사랑해. 정말로.
- 이채원

➡ 누나가 고맙고 좋아진다. 앞으로는 누나를 사랑하고 도와줘야겠다. - 동생이

동생 책상 치우기

동생에게 전해 주자 "오우 이거 무지 좋은 건데?"라고 하면서 좋다고 날뛰어 다녔다. "누나 책상 치워 줘."라고 해서, 책이 탑처럼 쌓여 있고 여러 가지 잡동사니들이 널려 있는 동생의 책상을 치웠다. 그러고 나니 돼지우리 같았던 책상이 반짝반짝해졌다. 동생은 "너무 깨끗해. 반짝반짝 윤이 나!"라고 말하며 좋아했다. 동생이 유난을 떨며 좋아하자 나도 기뻤다.
- 최지현

➡ 누나가 책상을 치워 주니 아주 기뻤다. 나중에도 누나가 이렇게 해 주면 좋겠다.
- 동생이

넷
나의 뿌리

책 이야기

우리 할아버지
존 버닝햄 글·그림 | 비룡소

그림책에 나오는 할아버지와 손녀는 말이 잘 통하지 않는다. 각각 다른 이야기를 하고 있기 때문이다. 그림 또한 왼쪽 면에는 할아버지의 옛 추억이 담긴 그림이 흑백으로 그려져 있고, 오른쪽 면에는 할아버지와 손녀가 함께한 추억의 그림이 그려져 있다.

처음에는 작가의 의도가 무엇인지 잘 알 수 없지만 책을 끝까지 읽고 나면 할아버지와 손녀의 서로 다른 대화와 왼쪽과 오른쪽이 서로 다른 그림이 무엇을 의미하는지를 알 수 있다. 책을 덮고 나면 할아버지와 손녀의 아름다운 추억이 깃든 사진첩을 감상한 느낌이 들 정도다.

손녀에게는 할아버지와 지냈던 일들이 따뜻한 추억이 될 것이다. 이 책을 읽으며 할아버지와의 추억뿐만 아니라 할머니나 엄마, 아빠와의 추억을 되새기는 시간을 가져 보면 좋을 듯싶다.

1. 그림책을 보기 전에

- 할머니, 할아버지와 함께 사는 어린이와 그렇지 않고 떨어져 지내는 어린이, 그리고 할머니, 할아버지가 돌아가신 어린이 조사해 보기.
- 할머니, 할아버지와 함께 살고 있어서 좋은 점은 무엇인가요?
- 그림책에서 할아버지와 손녀는 무엇을 하고 있는 걸까요? 할머니, 할아버지와 함께했던 추억들 가운데 기억에 남는 것은 무엇인가요?

2. 그림책을 보고 나서

- 왜 할아버지와 손녀는 서로 다른 이야기를 하고 있는 걸까요?
- 할아버지가 돌아가시고 손녀의 마음은 어땠을까요? 돌아가신 할아버지와 함께한 추억을 생각하는 손녀의 마음은 어떨까요?

어느 일요일 오후

최내경 그림 | 이혜원 그림 | 마루벌

아이의 눈을 통해 할머니의 노환과 죽음을 바라보는 이야기. 할머니를 그리워하는 아이의 마음이 잘 담겨 있다.

우리 가족입니다

이혜란 글·그림 | 보림

작가의 어린 시절을 토대로, 치매에 걸린 할머니와 맞벌이 부모와의 추억을 진솔하게 담아낸 책이다.

할머니, 할아버지께 편지 쓰기

- 여러분을 세상에 태어나게 해 준 분들이 엄마, 아빠입니다. 엄마, 아빠를 세상에 태어나게 해 준 분들은 여러분의 할머니, 할아버지예요.
- 할머니, 할아버지와 함께 살고 있는 친구들도 있지만 할머니, 할아버지와 떨어져 지내는 친구들이 더 많죠? 그래서 여러분이 할머니, 할아버지에 대해 잘 알지 못하는 경우가 많아요.
- 이번 시간에는 나를 있게 해 준 할머니, 할아버지에게 감사의 편지를 보내면 어떨까요? 할머니, 할아버지와 떨어져 지내는 친구들은 감사의 편지를 쓴 다음 할머니, 할아버지가 살고 있는 주소로 우표를 붙여 편지를 보내요.

이런 활동도 있어요!

- ◆ 할머니, 할아버지와 함께 사는 아이들
    - 함께 살고 있어서 좋은 점 쓰기, 부모님을 어떻게 키웠는지 듣기
    - 주말에 두 시간 이상 함께 보내며 엄마, 아빠가 어릴 때는 어땠는지 등의 이야기 나누기
    - 함께 사진 찍으며 추억 만들기
- ◆ 할머니, 할아버지와 떨어져 지내는 아이들
    - 안부 전화 드리기
- ◆ 할머니, 할아버지가 모두 돌아가신 아이들
    - 윤동재의 시 〈할머니〉를 감상하고 나서 시 쓰기

할머니, 할아버지에게 엽서 쓰고 우표 붙여 보내기

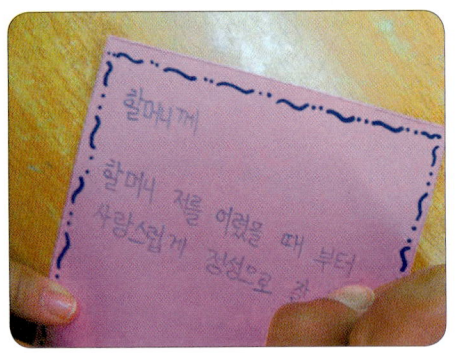

할머니께

할머니 안녕하세요? 저 예림이예요. 지난번 서랍에 3000원 넣어서 쓰라고 주실 때 정말 마음이 찡했어요. 오래오래 사시고 할머니 소원처럼 좋은 사람, 멋진 사람 돼서 할머니 호강시켜 드리려고 노력할게요. 안녕히 계세요.

예림이가

할머니, 할아버지와 함께 시간 보내기

즐거운 이야기와 산책

오늘 할머니와 함께 산책을 했다. 할머니 어렸을 때는 학교 갔다 오면 가방 내팽개치고 놀기 바빴다고 한다. 부러웠다. 하지만 껌도 없고 내가 좋아하는 피자도 없고 재밌는 컴퓨터도 없었다고 한다. 할머니의 얘기를 다 듣고 나니 나도 옛날에 태어났으면 행복했을 것 같기도 하고 심심했을 것 같기도 하다.

-최지현

할머니, 할아버지와 함께 이야기 나누기

할머니랑 대화

할머니의 어릴 적 꿈은 은행원이라고 했다. 친구의 소개로 할머니랑 할아버지는 결혼을 했다고 한다. 또 음악을 좋아해서 중창도 맡고, 학예회 할 때도 독창을 했다고 한다. 또 노래 중에서 〈로렐라이〉 가곡을 즐겨 불렀다고 한다. 할아버지는 글씨를 매우 잘 썼고 신문기자 생활을 하면서 특종 기사를 많이 썼다고 한다. 하지만 할아버지는 내가 세 살 때 돌아가셨다.

-홍수민

할머니, 할아버지께 안부 전화 드리기

내 걱정투성이

할머니한테 전화를 했다. "할머니 안녕하세요? 저 윤호예요." 할머니는 "오, 윤호야. 잘 지내니? 어디 안 아프지?" "네." "공부도 잘하고?" "……." "공부도 많이 하고 그러렴. 나중에 힘들어." "네." "운동도 하고. 좀 적게 먹고." "네, 안녕히 주무세요." 할머니는 나를 많이 걱정하고 생각하는 것 같다.

-이윤호

시 〈할머니〉 감상 후 시 쓰기

할머니
윤동재

시골 큰집에 사시는 우리 할머니
서울 우리 집에 오셔서는
사흘을 못 넘기신다.

지난여름에는
고추밭의 고추는 누가 따느냐며
사흘을 못 넘기고
기어이 가시고.

이번 겨울에는
개밥과 닭 모이는 누가 주느냐며
사흘을 못 넘기고
기어이 가시고.

《서울아이들》, 창비

할아버지 어릴 적에
최지현

할아버지 어릴 적엔
학원도 공부도 없었나 봐요.
내가 학원 얘기, 공부 얘기
다 털어놓으면
뭘 그리 신기하신지
전등처럼 눈을 반짝거리세요.
그래서 자꾸만 비밀을
털어놓게 돼요.

할머니! 건강하세요!
윤채빈

엄마 말씀으론
내가 할아버지를 무서워했다는데
내가 어렸을 때
할아버지가 자주 놀아 주셨다는데
할아버지가 돌아가셨다.
이젠 할머니와
이야기를 나눈다.
할머니께서 돌아가시면
난 이제 혼자 이야기해야 하나?

평화를 만드는

6월

- 전쟁은 왜 일어나고, 전쟁 후엔 무엇이 남을까요?
- 어떻게 전쟁을 그만두고 평화로 나아갈 수 있을까요?
- 교실에서 친구들과 평화롭게 지내기 위해서는 무엇이 필요할까요?
- 평화는 무엇일까요?

하나
전쟁을 넘어 평화로!

책 이야기

왜?
니콜라이 포포프 그림 | 현암사

니콜라이 포포프는 글자 한 자 쓰지 않고 그림으로만 전쟁의 원인과 과정, 그리고 결과를 보여 주고 있다. 개구리와 생쥐는 아름다운 꽃을 서로 가지려다 전쟁을 하게 된다. 싸움은 점점 커져 싸움을 하는 개구리와 생쥐의 수도 대포차의 수도 점점 늘어난다.

초록빛으로 가득했던 그림은 전쟁이 끝나고 난 뒤에 잿빛으로 변하고 만다. 이러한 색 변화를 바탕으로 그림으로만 전쟁을 말하기 때문에 전쟁이 더 무섭게 느껴진다.

또한 이 책은 그림 속 개구리와 생쥐를 통해 인간의 모습을 들여다보게 한다. 개구리가 꽃을 꺾지 않고, 생쥐도 꽃을 빼앗으려고 하지 않았다면 전쟁이 일어나지 않았을 것이다. 인간 세상도 마찬가지다. 더 많은 것을, 더 좋은 것을 가지려는 욕심 때문에 전쟁이 일어나고 결국에는 모든 것을 잃게 되는 것이다.

개구리와 생쥐의 모습을 보며 전쟁 후에 과연 무엇이 남는지, 그것을 위해 그렇게 싸울 필요가 있는 것인지 아이들과 함께 이야기를 나누는 시간을 가져 보면 좋겠다.

1. 그림책을 보기 전에

- 전쟁과 관련된 그림책을 하나 보려고 합니다. 제목이 무엇인가요? '왜?'라는 질문과 전쟁은 무슨 관련이 있을까요?
- 제목에는 '왜?'만 있습니다. 뒤에 이어질 말은 무엇일까요?
- 전쟁은 왜 일어날까요? 이제 그림책을 보며 생각해 봅시다.

2. 그림책을 보고 나서

- 전쟁은 어떻게 시작되었고, 어떻게 진행되었나요?
- 전쟁이 끝난 후에는 무엇이 남았나요?
- 이 책에는 그림만 있고 글이 없습니다. 작가는 왜 글을 쓰지 않고 그림만 그렸을까요? 글이 있다면 무엇이 달라질까요?

 함께 보아요!

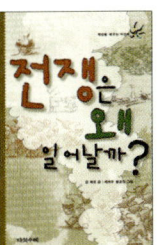

전쟁은 왜 일어날까?
질 페로 글 | 세르주 블로크 그림 | 다섯수레

전쟁과 전쟁 게임이 어떻게 다른지, 사람들이 왜 전쟁을 하는지, 앞으로 또 전쟁이 일어날지에 대한 이야기가 담겨 있다.

 활동 이야기

그림책 《왜?》에 글 넣어 보기

- 그림만 있는 책에 글을 넣어 보겠습니다. 전쟁의 시작, 과정, 결과를 잘 살피고 그림에 맞는 글을 써 보세요.
- 글을 다 완성했으면 '작가 후기'나 '이 책을 읽을 독자들에게'처럼 글을 쓴 소감을 담아 보세요.

글을 쓰는 모습

모둠이 쓴 글을 돌려 읽고 있는 모습

이런 활동도 있어요!

◆ 그림책 《왜?》에서 개구리와 쥐가 꽃을 서로 가지려 하지 않고 함께 봤다면 이야기가 어떻게 바뀔지 상상해 보기
◆ 그림책 《왜?》에 말을 넣어 역할극 해 보기

《왜?》의 그림을 보고 쓴 글

우리는 왜 싸울까?

어느 날 한 개구리가 바위에 앉아 꽃향기를 맡고 있었습니다. 그때 땅속에서 쥐 한 마리가 나왔습니다.

"어? 저게 누구지?"

쥐도 개구리를 보고 놀랐습니다.

"음…… 저 꽃 예쁘다. 가지고 싶은걸. 한번 빼앗아 볼까?"

"그 꽃 이리 내 놔!"

쥐는 개구리의 꽃을 빼앗았습니다.

"야! 이리 줘!"

개구리는 소리쳤지만 아무 소용이 없었습니다.

쥐는 꽃을 빼앗은 것에 만족해 하며 꽃향기를 맡았습니다. 그때 "폴짝폴짝" 소리를 내며 쥐의 감상을 방해하는 동물들이 있었습니다. 쥐는 짜증을 내며 뒤돌아보았습니다. 그때 거대한 개구리 여러 마리가 꽃을 빼앗으러 오고 있었습니다.

쥐는 도망갔습니다. 하지만 붙잡혀 꽃을 빼앗기고 말았습니다.

쥐는 빨리 공격 준비를 하였습니다. 쥐의 행동을 아는지 모르는지 개구리들은 재미있게 놀았습니다.

쥐는 장화 탱크를 타고 개구리에게 가서 대포를 쏘아 댔습니다. 개구리들은 "아야얏, 아파." "빨리 도망가자!"라고 외치며 달아났습니다.

쥐는 개구리들이 함정을 만든 줄 모르고 다리를 건넜습니다. "부르릉" 개구리들은 다리를 힘껏 무너뜨렸습니다. 쥐들은 물속으로 퐁당 빠졌습니다. "어푸 아푸 이게 뭐야!" 쥐들은 헤엄쳐서 겨우 물을 빠져나왔으나 개구리들이 더 빨랐습니다.

하지만 땅에서는 쥐들이 더 빠릅니다. 쥐들은 함정을 만들어 개구리들을 함정에 빠뜨렸습니다. 개구리들은 너무 화가 나서 전쟁을 하기로 했습니다.

쥐팀은 개구리팀과 싸우기로 한 장소에 장화 탱크 여러 대를 가지고 갔습니다. 개구리팀도 쥐팀과 싸우기로 한 장소에 가고 있었습니다. 물론 실내화, 장화, 고무신 등의 탱크를 갖고 가고 있었지요.

전쟁이 시작되었습니다. 개구리팀과 쥐팀은 열심히 싸움을 했습니다. "으악~" 서로 죽이며 싸움을 했습니다.

전쟁이 끝나고 살아남은 동물들은 처참한 광경을 지켜보았습니다.

"내가 꽃을 뺏지 않았더라도!" "내가 어른들을 부르지 않았더라도!" 쥐와 개구리는 모든 것을 잃고 나서 후회했습니다.

— 용서의기쁨 모둠

글을 쓰고 난 소감이 담긴 '작가 후기'

전쟁은 싫어

이 이야기를 만들고 나서 전쟁은 지워질 수 없는 상처라고 느꼈다. 다른 건 지울 수 있어도 전쟁은 못 지울 것 같은 기분이 들었다. 책을 직접 만들어 보니 전쟁이 안 났으면 하는 바람이 더 크다. 이 책을 읽는 독자들이 전쟁의 아픔과 고통을 느껴 보길 바란다. 전쟁이 끝난 후엔 뭐가 남는지도 생각하면서 다시는 이 땅에서 전쟁이 안 이루어지길 기도하며…….

— 비둘기 모둠

서로 싸우지 말아야 해

모둠으로 하다 보니 말다툼이 많았다. 우리가 싸웠던 것처럼 전쟁도 서로 욕심을 부려서 일어나는 것이다. 누가 양보한다면 일어나지 않을 전쟁이다. 아무리 작은 것이라도 남을 위해 양보한다면 싸움은 일어나지 않는다. 절대로. 양보라는 것은 어려운 것이 아니다.

— 용서와기쁨 모둠

이야기를 만들고 나서

그림으로만 볼 때는 전쟁이 이렇게 비참하고 위험한 것인지 몰랐다. 하지만 이렇게 직접 글을 써 보니까 전쟁은 정말 위험하다는 것을 알았다. 그리고 전쟁이 끝나도 평화로워지지 않는다는 것을 깨닫게 되었다. 여러분도 작은 일 때문에 싸우고 나서 후회하지 말아요.

— 배려 모둠

둘. 평화를 만드는 아이들

 책 이야기

새똥과 전쟁
에릭 바튀 글·그림 | 교학사

　빨간 나라 임금과 파란 나라 임금은 산책을 나갔다가 콧등에 새똥이 묻은 걸 보고 웃었다는 이유로 전쟁을 하게 된다.
　모든 것을 잃은 후에야 전쟁이 끝나는 《왜?》와는 달리 이 책에서는 빨간 나라, 파란 나라 편을 가르지 않고 사이좋게 노는 아이들 덕분에 전쟁이 끝나게 된다. 마지막에 나오는 파란 집과 빨간 집이 한데 어우러진 그림은 평화가 무엇인지, 평화를 위해 무엇이 필요한지, 평화를 만드는 게 누구인지를 잘 보여 준다.
　전쟁의 가장 큰 피해자는 아이들이다. 지금도 지구 어디에선가는 아무 잘못 없이 전쟁 때문에 부모를 잃고 울부짖는 아이들이 있다. 그래서 전쟁이 끝나기를, 평화가 오기를 간절히 원하는 사람들 또한 아이들이다.
　이 책에서는 전쟁의 가장 큰 피해자면서 전쟁을 끝내고 평화를 만들어 낼 수 있는 유일한 존재가 바로 아이들이라는 것을 말하고 있다.

1. 그림책을 보기 전에

- 지금 볼 그림책은 《새똥과 전쟁》이에요. 새똥하고 전쟁은 무슨 관련이 있을까요?
- 표지에는 누가 있나요? 어떤 이야기일지 생각해 보세요.

2. 그림책을 보고 나서

- 전쟁을 끝내고 평화를 만들어 내는 사람은 누구인가요?
- 아이들이 그렇게 할 수 있었던 까닭은 무엇일까요?
- 그렇다면 전쟁의 가장 큰 피해자는 누구일까요? 왜 그렇게 생각하나요?
- 선생님도 여러분도 전쟁을 겪어 보지 않아서 전쟁이 어떤 것인지에 대해 잘 모릅니다. 그렇다면 전쟁을 겪은 사람들의 이야기를 들어 보면 어떨까요?

함께 보아요!

나는 평화를 꿈꿔요

유니세프 엮음 | 비룡소

옛 유고슬라비아 어린이들이 전쟁에서 받은 정신적 상처를 그림과 글로 표현해 놓은 책이다.

우리 얘길 들려줄게!

시벨라 윌크스 엮고 씀 | 푸른디딤돌

아이들이 경험한 전쟁과 난민에 관한 이야기. 케냐의 난민촌에 있는 아이들이 직접 글을 쓰고 그림을 그렸다.

전쟁, 간접 경험 해 보기

- 여러분처럼 어린 나이에 전쟁을 겪은 친구들이 있습니다. 그 친구들의 이야기가 담긴 책들을 볼까요?
- 《나는 평화를 꿈꿔요》와 《우리 얘길 들려줄게!》에 나오는 친구들은 모두 전쟁을 겪었고 전쟁 때문에 집은 물론 부모도 잃었어요. 그 친구들은 전쟁을 어떻게 생각하고 있는지, 그 친구들이 바라는 것은 무엇인지 이야기를 들어 봅시다.
- 《나는 평화를 꿈꿔요》에는 전쟁을 겪은 친구들이 그린 그림이 있어요. 어떤 그림들인지 한번 봅시다.

〈폭격〉
마리오, 10세, 스타리 미카노비치 지역(15쪽)

〈내 옷장 속의 유령과 해골들〉
아드리야나, 12세, 포제가 지역(54쪽)

- 아드리야나는 왜 이런 그림을 그렸을까요?
- 마리오와 아드리야나는 전쟁을 어떻게 생각할까요? 여러분은 전쟁이 무엇이라고 생각하나요?
- 《나는 평화를 꿈꿔요》에는 전쟁을 겪은 친구들이 여러분에게, 어른들에게 하고 싶은 이야기가 담겨 있어요. 어떤 이야기인지 들어 볼까요?

여기는 전쟁 중이에요. 그렇지만 우리는 평화를 기다려요.
아무도 우리들 이야기를 들어 주는 사람 없는 세상 한구석에 우리는 있어요.
그래도 우리는 두렵지 않아요.
우리는 포기하지 않을 거예요.
우리 아빠들의 벌이는 시원치 않아요.
한 달에 겨우 밀가루 5킬로그램을 살 돈밖에 못 벌어요.
우리에겐 물도 없어요. 전기도 없어요. 난방도 안 돼요.
우리는 이런 건 참고 견딜 수 있어요.
그렇지만 증오와 악은 참을 수가 없어요.
선생님께서 안네 프랑크 이야기를 해 주셨어요.
안네의 일기를 우리 모두가 읽어 봤어요.
오십 년이 지난 지금에도 여전히 전쟁으로, 미워하고 죽이면서,
우리는 목숨을 건지기 위해 숨어야 하는 역사가 되풀이되고 있어요.
우리는 이제 열두 살밖에 안 되었어요.
우리 힘으로는 정치와 전쟁을 어떻게 할 수 없지만, 우리는 살고 싶어요!
그리고 우리는 이 미친 짓을 멈추게 하고 싶어요.
오십 년 전의 안네 프랑크처럼 우리는 평화를 기다리고 있어요.
안네는 평화를 보지 못하고 죽었어요.
우리는 평화를 볼 수 있을까요?

― 제니카 지역 5학년 학생들(64쪽)

세상의 모든 어린이들에게

나는 너희들이 사라예보에 사는 우리들의 고통을 알았으면 좋겠어.

나는 아직 어리지만, 많은 어른들도 결코 알지 못할 일들을 겪었다고 생각해.

너희들 마음을 상하게 하고 싶은 생각은 없어. 하지만 나는 너희들도 알았으면 좋겠어.

나는 세르비아 사람들이 장악하고 있는 지역에 살고 있었는데, 엄마와 내가 명단에 올라 숙청 대상이 되었어. 정상적인 생활을 하고 있는 너희들은 이런 일을 이해 못할 거야.

그런 일을 직접 겪기 전까지는 나도 그랬으니까 말야.

너희들이 과일과 달콤한 초콜릿과 사탕을 먹고 있는 동안에 여기에서 우리들은 굶어 죽지 않으려고 풀뿌리를 뜯고 있단다.

너희에게 다음에 맛있는 음식이 생기면 속으로 이렇게 말해 봐.

"이것은 사라예보의 어린아이들을 위한 것이다!"라고 말야.

너희들이 극장에 앉아 있을 때, 또는 멋진 음악을 듣고 있을 때 우리들은 지하실로 급히 달려가고, 또 대포알들이 날아오는 무서운 소리를 듣는단다.

너희들이 웃으며 재미있게 놀고 있을 때 우리는 울부짖으면서 이 무서운 공포가 빨리 사라지기를 빌고 있어. 너희들이 전기와 수도 그리고 목욕을 즐기고 있을 때 우리는 하느님께서 물 한 모금이나마 마실 수 있도록 비라도 내려 달라고 기도를 한단다.

아무리 영화를 잘 만들어도, 우리 민족이 지금 겪고 있는 고통과 두려움과 공포를 그대로 그려 낼 수는 없을 거야. 사라예보는 지금 피바다야. 곳곳에 무덤이 생겨나고 있어. 보스니아 어린이들의 이름으로 내가 너희들에게 간청한다.

제발 이런 일이 너희들에게, 또는 어떤 다른 사람들에게도 일어나게 내버려 두지 말라고.

― 에디나, 12세, 사라예보 지역(74쪽)

- 제니카 지역의 5학년 학생들이 간절히 바라는 것은 무엇인가요?
- 에디나는 세상의 모든 어린이들에게 어떤 이야기를 했나요?
- 여러분은 이렇게 전쟁을 겪은 친구들에게 어떤 말을 해 주고 싶은가요? 제니카 지역의 5학년 학생들과 에디나뿐만 아니라 이 책에 나온 친구들, 전쟁을 겪고 있거나 겪은 친구들에게 하고 싶은 말을 담아 편지를 써 보세요.
- 전쟁을 끝내기 위해, 평화를 위해 여러분이 할 수 있는 일이 무엇인지 생각해 보고 그것도 편지에 담아 보세요.

이런 활동도 있어요!

- ◆ 2004년 이라크에서 전쟁이 일어났을 때 권정생 선생님이 쓴 시 두 편 〈알리〉와 〈바그다드〉를 읽고 전쟁에 대해 생각해 보기. 시에 나오는 전쟁을 일으키는 어른들이나 알리에게 편지 쓰기
- ◆ 전쟁을 반대하는 포스터 만들기

알리
권정생

의사가 되고 싶었어요
가난한 사람
치료해 주려고요

나는 겨우
열 살이에요

두 팔이
잘려 나갔어요

이젠 무얼 하지요

엄마
아빠

그리고
뉴욕의 아이들아

난 어쩌지
어찌하면 좋지……

바그다드
권정생

바그다드
하늘에
불꽃놀이하듯

폭탄이 떨어졌어요
아이들이 죽었어요

저 폭탄들을
누가 만들었을까요?

아이큐
180의
훌륭하신 아저씨들

바그다드의
엄마가 울고 있어요

전쟁을 경험한 친구들에게 편지 쓰기

촐에게

촐! 너의 모습을 보기가 부끄러워. 우리가 초콜릿 같은 것을 먹고 딴것을 먹고 싶어서 조를 때 너희들은 겨우겨우 먹으면서 살잖아. 그동안 편식을 하며 "안 먹어!"라고 말한 게 무지 부끄러워진다. 그리고 우리는 얼마 걷지 않아 "힘들어!"라고 하는데 너희들은 "살아야 돼!"라고 생각하고 말하며 견디잖아. 너희들에게 부끄럽다.   - 예린이가

촐에게

안녕, 촐. 나는 한국에 살고 있는 청아라고 해. 네 이야기를 듣고 정말 가슴이 뭉클했어. 계속 반복해서 나라를 떠나야 하고, 가다가 죽는다니……. 정말 전쟁은 비참해. 왜 전쟁을 하는지 모르겠어. 너도 이해 안 되지? 지금 케냐에서 열심히 살고 있지? 영어랑 스페인어를 잘한다고? 대단하다! 난 영어도 못하고 스페인어도 모르는데. 우리나라도 전쟁이 일어났었어. 한국전쟁이라고. 거기서 많은 사람들이 죽었지. 고아도 많이 생기고. 너네랑 비슷하지. 우리는 살 색깔이 달라도 친구야. 모든 인종은 다 이웃이라고 배웠어. 이제 전쟁은 없다고 생각하고 편히 살기 바랄게.   - 한국에 사는 열두 살 청아가

제니카 지역 5학년 학생들에게

안녕, 난 한국에 살고 있는 우예림이라고 해. 나도 《안네의 일기》를 읽어 봤단다. 나에게 그런 일이 생긴다면 어떨까 생각하니 두려웠어. 우린 아직 전쟁에 대해 확실히 알진 않아. 지금 전쟁을 겪고 있는 너희들에게 무슨 말을 해야 할지 모르겠어. 하지만 전쟁을 이겨 내고 평화를 기다릴 너희들이 존경스러워. 지금은 힘들지만 두려워하지 않고 포기하지 않는다면 언젠가 전쟁은 사라지겠지. 전 세계에 수많은 사람이 너희같이 전

쟁을 겪고 있는데 어른들은 왜 깨닫지 못할까? 이 망할 전쟁을 멈추게 할 순 없을까? 어린이와 사람들이 오십 년이 넘도록 괴로워하는데. 친구야, 비록 내가 평화를 이루게 할 순 없지만 어른들의 전쟁에 우리가 다치더라도 포기하지 말자. 우리, 평화를 꼭 보자! 목숨을 건지기 위해 숨어야 하는 역사가 되풀이되지 않는 세상을.

-희망을 사랑하는 예림이가

에디나에게

나는 밥 먹는 게 당연하다고 생각했어. 그리고 학교 가는 것, 컴퓨터 하는 것, 책 읽는 것, 이보다 더 작은 것들도 나는 당연하다고 생각해 왔어. 나는 전쟁이 없는 세상을 위해 유치원 선생님이 될래. 유치원 선생님이 되면 유치원생들을 가르칠 수 있잖아. 그때부터 아이들이 전쟁이라는 것을 생각조차 못하게 가르쳐서 전쟁을 막고 싶어. 아니면 고등학교 선생님이 돼서 벌써 나쁜 일에 물든 아이들을 바른길로 인도하고 싶어. 지금이라도 우리 반의 싸우는 애들, 욕하는 애들, 왕따 당하는 아이들을 구하고 싶어. 정말 실천하겠다고 약속할게.

-효정이가

에디나에게

에디나, 나는 너와 나이가 같은 학생이야. 니가 쓴 글을 보니 내가 너무 하찮게 느껴졌어. 이런 글을 쓸 수 있다는 건 니가 직접 경험했기 때문이지. 전쟁 게임하고 매일 노는 데 정신 팔려 학원 안 가는 내가 너무 한심하게 느껴져. 앞으로 무엇을 해야 할까 생각했어. 학교에서 나누어 준 저금통을 가득 채워 조금이라도 도움이 되고 싶어. 어쩌면 지킬 수 없을지도 몰라. 하지만 이것만은 약속할게. 너 같은 아이들의 마음을 알아주고 전쟁이 안 일어나게 해 달라고 기도하는 것은 꼭 지킬 수 있을 거야. 그럼 너도 잘 지내길 바랄게.

-김진곤 씀

아이들이 만든 반전 포스터, 반전 광고

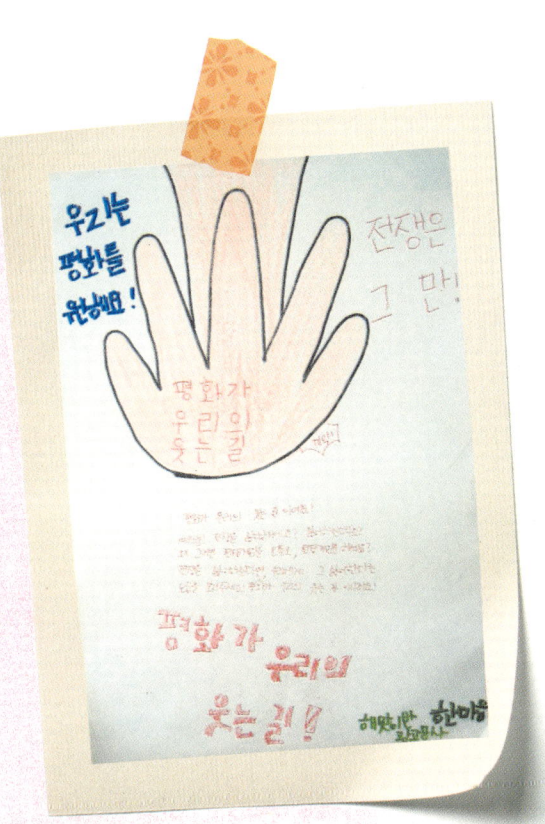

셋
친구와 평화롭게

책 이야기

우리는 친구
마누엘라 올텐 글·그림 | 토마토하우스

한눈에 봐도 장난꾸러기인 두 아이가 싸운다. 그때 선생님이 나타나 두 아이에게 "대체 무슨 일이야?" 하고 묻는다. 그러자 두 아이는 기다렸다는 듯이 서로의 잘못을 지적하고 흠을 잡는다. 그러고는 또다시 싸운다. 그렇게 한참을 싸우다가 씩씩거리며 숨을 고르더니 금방 같이 축구를 하기로 약속한다. 우리가 친구라고 당당하게 말할 수 있으려면 그래야 한다는 듯이 말이다.

어린아이들은 잘 싸우지만 금방 화해를 한다. 화해를 정식으로 하지 않더라도 언제 그랬냐는 듯이 즐겁게 논다. 이 책을 1, 2학년 아이들과 5, 6학년 아이들에게 읽어 주면 반응이 다르다. 1, 2학년 아이들이 더 공감하는 편이다. 아마도 나이가 들수록 싸움을 기억하고 친구가 한 말을 마음에 담아 두기 때문일 것이다.

그림책 뒤표지 글도 아이들과 함께 읽어 보면 좋을 듯싶다. 누군가와 친구가 되고 싶은데 먼저 다가가지 못하는 아이들에게 도움이 될 것이다.

1. 그림책을 보기 전에

- 여러분의 친구들을 한 명 한 명 잘 떠올려 보세요.
- 여러분은 어떤 사람을 친구라고 생각하나요?
- 친구들과 싸운 적이 있지요? 어떤 일로 싸웠나요? 어떻게 끝났나요?
- 책 표지에 보면 두 친구가 두 곳에 있습니다. 어디에 있는지 찾아볼까요?
- 제목에 그려진 두 친구의 표정과 크게 그려진 두 친구의 표정은 어떤가요?
- 싸우다가 화해를 했는지, 사이좋게 지내다 싸우게 되었는지 그림책을 보며 알아봅시다.

2. 그림책을 보고 나서

- 두 친구는 처음에 어떻게 싸우게 되었나요? 어떤 말을 주고받았나요? 여러분이 친구와 싸운 모습과 비슷한가요?
- 두 친구가 싸우는 동안 주변에 있던 사람들은 어떻게 했나요?
- 두 친구는 어떻게 화해를 했나요?

함께 보아요!

내 친구 깡총이

에릭 로만 글·그림 | 바다어린이

마음씨가 착하지만 사고뭉치인 깡총이를 친구로 둔 찍찍이. 깡총이가 일으키는 말썽이 재미있는 그림과 잘 어울린다. 사고뭉치 친구와 평화롭게 지내는 방법을 알려 주는 그림책이다.

평화 선언문 만들고 실천하기

- 많은 친구들과 함께 지내는 교실이나 학교에서도 그림책에 나온 친구들처럼 다투는 친구들을 자주 볼 수 있습니다. 그래서 교실은 때론 전쟁터가 되기도 합니다. 그렇다면 우리 반의 평화는 우리가 만들어 가야겠지요?
- 우리 반의 평화를 방해하는, 우리 반을 전쟁터로 만들었던 나의 행동에는 어떤 것이 있는지 잘 생각해 보세요.
- 그런 행동이 왜 문제인지를 '평화 선언문'에 담아 보세요.
- 열흘이나 보름 정도 실천하는 시간을 갖고 실천 상황을 표시해 보세요.
- 실천이 끝나고 모둠 친구들과 이야기를 나누며 서로서로 칭찬도 해 주고, 앞으로도 '우리 반의 평화는 우리들이 지키자!'고 다짐하는 시간도 갖겠습니다.

평화 선언문 쓰는 모습

실천 상황을 표시한 것

아이들이 만든 평화 선언문

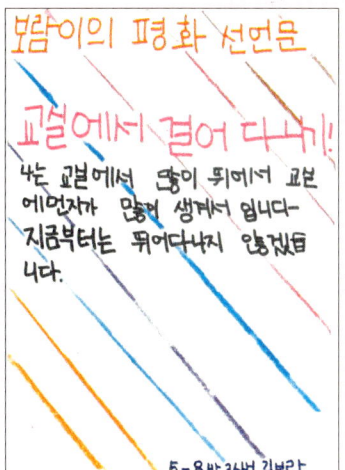
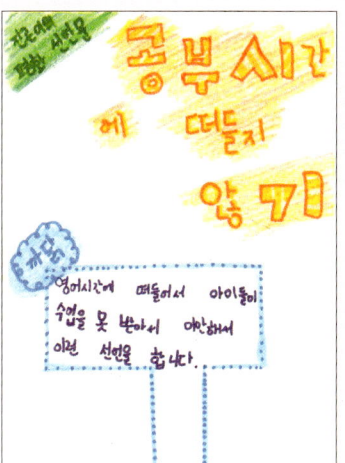
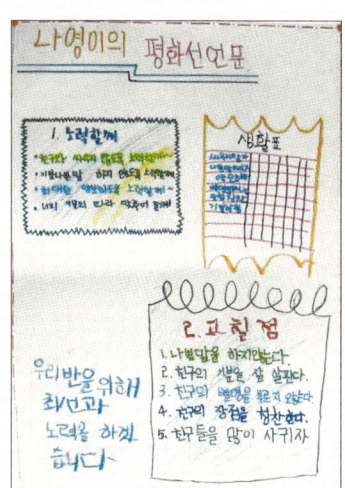
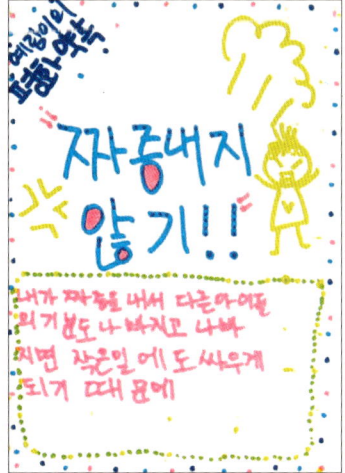
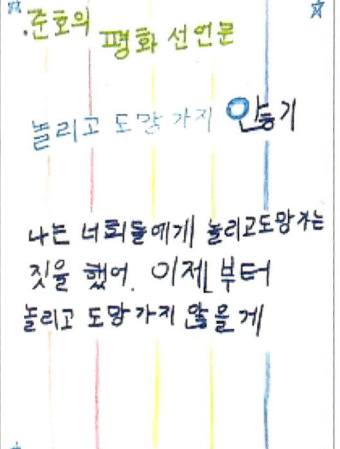
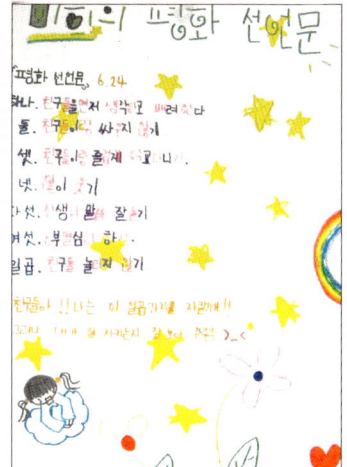

넷
평화란?

평화는요,
토드 파 글·그림 | 예림당

평화라는 것이 그렇게 먼 곳에만 있지 않고 우리 생활 속에 가까이 있다는 것을 보여 주는 책이다.

《모든 가족은 특별해요》와 마찬가지로, 토드 파는 아주 단순한 색으로 평화가 무엇인지를 보여 주고 있다. 친구들과 친하게 지내는 것, 자연을 아끼는 것, 이웃을 돕는 것, 미안하다고 말할 용기를 내는 것, 서로 나누는 것, 다름을 인정하는 것, 이 모든 것이 평화라고 이야기한다. 그렇다면 평화를 위해 우리가 할 수 있는 것은 무엇일까?

그 답 또한 멀리 있지 않다. 이런 작은 일부터 실천하는 것이다. 하지 않고 이룰 수 있는 일은 없다. 작은 변화가 큰 변화의 시작임을 기억하라는 이야기도 이 책은 하고 있는 것이다.

지금까지 전쟁을 반대한다는 뜻의 평화, 친구와 사이좋게 지낸다는 뜻의 평화를 살펴보았다면, 이제 이 책을 통해 무엇으로 평화를 만들고 또 지켜 낼 것인가에 대해 이야기를 나누는 시간을 가져 보면 좋겠다.

1. 그림책을 보기 전에

- 책 제목이 '평화는요.'예요. 어떤 내용이 담겨 있을까요?
- 표지에는 지구가 보이고 피부색이 다른 여러 사람들이 있어요. 무엇을 뜻하는 걸까요?
- 여러분은 어떨 때 평화롭다고 느끼나요?
- 여러분은 어떨 때 평화가 필요하다고 생각하나요?
- 그림책을 보면서 작가는 평화를 무엇이라고 하는지 잘 살펴보세요. 그리고 자신이 생각하는 평화와 어떤 점이 같고, 어떤 점이 다른지도 생각해 보면서 책을 읽어 봅시다.

2. 그림책을 보면서

- "평화는요, 새로운 친구가 점점 많아지는 거예요."라고 하네요. 여러분의 생각은 어떤가요?
- 새로운 친구가 점점 많아지는 것이 평화라고 생각하는 친구들은 손을 들어 보세요. (아이들의 반응을 하나하나 살피며 읽고, 다른 것들도 똑같이 진행한다.)
- 작가는 왜 친구가 점점 많아지는 것이 평화라고 했을까요? 작가와 똑같이 생각한, 손을 든 친구들 이야기를 한번 들어 볼까요? (다른 것들도 똑같이 진행한다.)
- 그림을 자세히 보니 친구들의 모습이 모두 다릅니다. 나와 다른 사람들과 친구가 되려면 무엇이 필요할까요? (피부색, 인종이 다름을 이야기한다.)
- 그림책을 다 읽었습니다. 우리 반 친구들이 가장 평화롭다고 생각하는 것은 무엇인지 한번 뽑아 볼까요? (그림책에 나온 평화를 하나하나 되짚어 보면서 칠판에 간단하게 적는다. 그리고 투표를 한다.)

함께 보아요!

우리는 평화를 배운다
이자벨 부르니에·마르크 포티에 글 | 아이세움

역사 속의 평화, 오늘날의 평화, 평화 상징에 대해 살펴보고 평화를 위해 어떤 실천이 필요한지를 이야기하는 책. '생활 속의 평화'를 실천하는 것이 평화의 진정한 씨앗임을 확인할 수 있다.

평화 엽서(책) 만들고, 친구에게 편지 쓰기

- 여러분이 생각하는 평화와 《평화는요,》를 쓴 작가가 생각하는 평화는 크게 다르지 않을 거예요. 하지만 여러분이 생각하는 평화 가운데 작가가 빼먹은 것도 있겠지요?
- 여러분이 생각하는 평화를 평화 엽서(평화 책)로 나타내 보세요.
- 왜 그것이 평화라고 생각하는지를 담아 친구에게 편지를 써 보세요.

평화 책 만드는 모습

이런 활동도 있어요!

◆ 평화 선언문에 담았던 내용을 바탕으로 평화를 위한 자신의 약속을 엽서만 한 크기에 잘 적은 다음 두고두고 보면서 실천하기

아이들이 만든 평화 책 표지

아이들이 만든 평화 엽서

평화 엽서와 친구에게 쓴 글

보람이에게

보람아 안녕? 내가 생각하는 평화는 무엇인지를 알려 주려고 해. 내가 생각하는 평화는 상대방의 긍정적인 모습만 보는 거야. 시험 20점 맞는 태용이가 아닌 해맑은 태용이, 산만한 민혁이가 아니라 너그러운 민혁이, 정신없는 예림이가 아니라 착한 예림이로 보는 거야. 또 다른 건 내가 앞에 쓴 건데, 그걸 쓴 이유는 흑인이나 백인이나 장애인이나 모두 다 똑같이 밝은 산의 초록을 보는 것이 가장 평화롭다고 생각해. 보람아, 너도 차별 없이 초록을 보고 긍정적으로 보는 아이가 되어 줘.

소연이에게

소연아. 나 너의 짝꿍 혜성이야.

그런데 넌 평화에 대해 어떻게 생각하니? 넌 어떻게 생각하는지 몰라도, 난 여행을 하면서 서로 손을 붙잡고 서로의 마음을 나누는 것이라고 생각해. 서로의 따뜻한 체온과 마음을 나누면 화가 났던 마음도 금세 풀릴 거야. 소연아, 너도 친구들과 따뜻한 마음을 나눠 봐. 가족에게나 친구들이나 동생들에게도 말이야. 알았지? 동생이 화가 났을 때 한번 그렇게 해 봐. 금세 풀릴걸? 그럼 내가 알려 준 대로 잘 해야 돼. 알았지? 그럼 안녕~

혜성이에게

안녕? 나 보람이야. 내가 생각하는 평화는 집에서 뒹굴뒹굴 하는 거야. 근데 진짜 생각하는 평화는 이해심이 넓은 게 평화라고 생각해. 이해심이 넓어야 싸움이 잘 안 일어나잖아. 내 광고 이야기는 자동차가 지나가는데 반대쪽에서 급하다고 먼저 지나가게 해 달라고 부탁하면 그 반대쪽 앞차가 "그래요, 먼저 가요." 그런 거야. 그래서 그 사람은 고맙다고 몇 번이나 인사하고 가는 장면이야. 너도 한번 해 봐. 반대쪽에서 좋아할 거야.

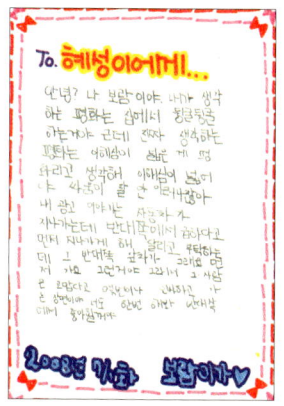

관승이에게

관승아, 나는 놀 때가 가장 평화로운 것 같아. 슬픈 일 모두 잊어버리고 하하 호호 웃으며 놀다 보면 시간 가는 줄 모르잖아. 하지만 이렇게 놀다가 싸움이 일어나면 평화는 깨져 버리고 말잖아. 그러니까 평화란 나뿐만이 아니라 모두가 즐거울 때 찾아오는 것 같아. 항상 즐겁게 웃는 너도 그렇게 생각하지?

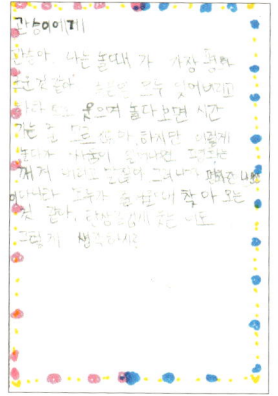

친구에게 평화 엽서를 받은 모습

환경을 생각하는

7월

- 환경을 파괴하는 일에는 어떤 것이 있을까요?
- 편하게 살려는 인간의 욕심 때문에 어떤 일이 벌어질까요?
- 아나바다 운동을 아시나요?
- 인간과 자연이 평화롭게 같이 살아갈 방법은 없을까요?

하나
물고기는 왜 사라질까?

사라지는 물고기
킴 미셸 토프트·앨런 시더 글 ㅣ
킴 미셸 토프트 그림 ㅣ 다섯수레

이 책은 오스트레일리아 작가의 작품이다. 우리나라 서쪽 바다에 갯벌이 있다면 오스트레일리아 바다에는 산호초가 많다. 갯벌이 없는 나라에 사는 사람들이 갯벌의 소중함을 잘 모르는 것처럼 우리나라 사람들은 산호초의 소중함을 잘 모를 것이다. 그저 아름다운 바다 풍경 정도로 여길 것이다. 그래서인지 작가는 그림책 앞부분에 다음과 같은 글을 써 놓았다.

세상에는 많은 산호초들이 있습니다. 산호초는 바닷속에서 사는 식물과 동물들을 몇백만 년 동안이나 보듬어 주었지요. 깨지기 쉬운 생태계의 균형을 세밀하게 맞추면서 말입니다. 그런 산호초들의 70퍼센트가 여기저기 상처를 입거나 파괴되어 왔습니다.

이 책은 이렇게 인류의 귀한 재산인 산호초를 보호하지 않으면 어떤 일이 벌어지는지에 대해 이야기하고 있다.

열두 마리 물고기로 시작한 그림은 책장을 넘길 때마다 한 마리씩 사라진 그림으로 바뀐다. 물고기 수가 한 마리 줄어 다음 쪽에 다시 등장하는 구조는 사라져 가는 물고기들에 대한 안타까운 시선을 대신하고 있다.

물고기 수가 줄어드는 것에 맞추어 종이에서 그림이 차지하는 자리도 줄어든다. 숫자가 바뀔 때마다 다른 물고기들이 나타나고 또 다른 이유로 물고기들이 사라져 간다. 이런 구성은 책의 긴장감을 더하고 궁금증을 불러일으킨다.

또한 실크 페인팅 기법으로 그려진 그림들은 물고기와 바다의 아름다움을 표현하기에 부족함이 없다. 사라져 가는 물고기들이 얼마나 아름다운지를, 그 아름다움을 누가 빼앗고 있는지를 그림으로 나타내고 있기에 '슬프도록 아름다운 그림'이라는 말이 어울릴 듯하다.

마지막으로 이 책은 우리가 잘 모르는 열세 가지 종류의 물고기에 대한 정보뿐만 아니라 어려운 낱말 풀이도 싣고 있다.

1. 그림책을 보기 전에

- 제목이 '사라지는 물고기'예요. 물고기들이 왜 사라질까요?
- 물고기들이 사라질 만한 일을 하거나 본 적이 있나요?
- 물고기들이 사라져 가는 것을 그림으로 어떻게 표현할 수 있을까요?
- 산호초가 무엇인지 알고 있나요? 산호초는 어떤 일을 할까요?

2. 그림책을 보고 나서

- 물고기들이 사라져 가는 것을 어떻게 표현했나요?
- 물고기들은 왜 사라졌나요? 물고기를 그렇게 만든 것은 누구일까요?

함께 보아요!

인어는 기름 바다에서도 숨을 쉴 수 있나요?

유다정 글 | 박재현 그림 | 미래아이

2007년 12월에 있었던 태안 기름 유출 사건을 소재로 한 그림책이다. 기름을 새까맣게 뒤집어쓴 채로 죽은 바다 생물들의 모습을 통해 해양 오염의 심각성을 알려 준다.

환경을 살리기 위한 실천 계획 세우기

- 물고기들을 사라지게 만들거나 물고기들의 생명을 위협하는 것에는 어떤 것들이 있었나요?
- 물고기들을 사라지게 만든 건 바로 우리 사람들이에요. 그러니까 사람들이 해결해야 해요. 우리의 작은 실천이 평화를 만든다는 것을 배웠지요? 환경 파괴를 조금이나마 막고 지금 상태를 유지하려면 여러분의 작은 실천이 필요해요.
- 환경을 살리기 위해 우리가 할 수 있는 일에는 무엇이 있는지 살펴보고 실천할 수 있도록 계획을 세워 보세요. 여러분뿐만 아니라 식구들과 함께하면 더 좋겠지요?

이런 활동도 있어요!

◆ 환경을 지키기 위해 할 수 있는 일이나 왜 환경을 지켜야 하는지에 대해 여러 사람에게 알리는 캠페인 하기

활동지

환경을 살리는 열두 가지 방법

학년   반   이름:

산호초뿐 아니라 우리 주변에는 환경 오염으로 인해 사라져 가는 것들이 많습니다. 환경 오염으로 생태계가 파괴되고 많은 생물이 사라지면 인간 역시 살 수 없는 환경이 됩니다. 자, 이제 우리가 나서야겠죠? 환경도 살고 나도 사는 열두 가지 방법을 생각해 봅시다. 작지만 생활에서 실천할 수 있는 것으로요. 일주일 동안 실천해 보고 실천 결과를 ◎, ○, △, ×로 표시해 봅시다. 그리고 실천한 소감도 적어 봅시다.

환경을 살리는 방법 \ 날짜							
1.							
2.							
3.							
4.							
5.							
6.							
7.							
8.							
9.							
10.							
11.							
12.							

◆ 실천 소감

환경을 살리는 방법을 골라 실천한 후 소감문 쓰기

샴푸는 두 번만

가족끼리 거실에 모여 앉아 '샴푸와 린스 사용량 줄이기'를 선택했다. 표를 만들어 계획을 세우고 실천해 나갔다. 우리 가족 모두 샴푸 세 번 누르던 것을 두 번만 누르는 것으로. 그랬더니 한 달 반 쓰던 샴푸를 두 달 동안 썼다. 가장 실천을 잘 한 사람은 언니고, 가장 실천을 못 한 사람은 아빠다. 나는 머리를 감을 때마다 '아껴 써야지!' 생각하면서 아꼈다. 앞으로도 아껴 써서 수질 오염을 막아 환경을 살리는 데 힘써야겠다.

혜성이네 샴푸와 린스 사용량 줄이기

▶ **식구들 소감**

엄마 : 샴푸를 자주 사지 않아도 되고, 수질 오염도 줄일 수 있어서 좋다.
아빠 : 샴푸도 절약하고 수질 오염도 줄이는 일에 아빠도 적극 동참해야겠다.
언니 : 나는 원래 샴푸를 두 번만 썼으므로 다른 사람들도 그만큼 쓰는 줄 알았다. 이번 캠페인을 통해 사람들이 샴푸를 많이 쓴다는 것을 알았다.

보람찬 한 달

우리 가족이 고른 방법은 분리수거 잘하기다. 아빠는 못 지킨 적이 두 번이고, 엄마는 못 지킨 적이 한 번밖에 안 된다. 오빠와 나는 세 번이다. 이 활동을 하고 나서 자연을 조금이라도 살린 것 같아 보람차다.

➡ 식구들 소감

아빠 : 아빠가 회사일이 바쁘다 보니 약속을 못 지켰구나! 미안하다.
엄마 : 분리수거를 잘 지키지 못해 미안하네! 다솜이의 소중한 미래의 자연을 지키기 위해 다음부터는 분리수거를 잘할게.
오빠 : 다음엔 잘할게.

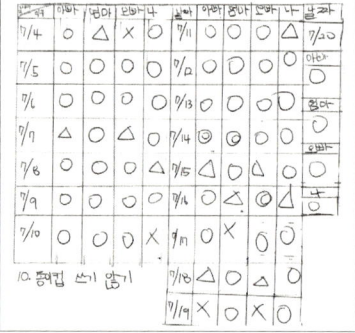

다솜이네 분리수거하기

그래도 괜찮았다

우리 가족은 '종이컵 쓰지 않기'로 결정을 하였다. 고를 때 망설임이 없었다. 실천을 하면서 힘든 점도 없었다. 왜냐하면 종이컵만 안 쓰면 되기 때문이다. 숙제가 끝나도 계속 종이컵을 안 쓰고 다시 쓸 수 있는 컵(유리컵, 플라스틱컵 등)을 쓸 거다. 작은 실천이 우리나라를 살리는 것 같다.

➡ 식구들 소감

아빠 : 실천 하나가 좋은 일이 된다는 걸 알았다.
엄마 : 종이컵은 쓰지 않겠다.
오빠 : 나부터 실천해야겠다. 작은 걸 배웠다.

보람이네 종이컵 쓰지 않기

음식 남기지 마세요

한 달 동안 음식 남기지 않기를 실천하였더니 이 아름다운 초록별 지구가 나에게 아

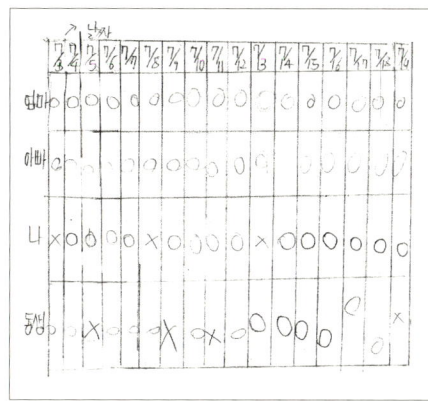

지현이네 음식 남기지 않기

주 조금이지만 고마워할 것 같다. 만약에 내가 이런 실천을 해 보지 않았더라면 이런 뿌듯함을 느끼지 못했을 것이다. 역시 경험이 중요하다. 초록별 프로젝트가 끝났지만 앞으로도 음식을 남기지 않아야겠다.

➡ 식구들 소감

동생 : 학교 급식을 남기지 않고 다 먹어야 된다고 생각한다.

엄마 : 앞으로는 꼭 먹을 양만큼의 음식을 만들어서 쓰레기통에 버려지지 않도록 하겠다. 음식물 쓰레기를 버리다 보면 많은 양의 찌꺼기가 나오는 것을 보게 되는데 나부터 버려지는 음식물이 적어지도록 노력해야겠다.

아빠 : 음식을 판매하는 직업이다 보니 가능하면 손님들이 필요한 양만큼 판매하려고 노력했어요. 앞으로도 계속 노력할게요.

학교 주변에서 환경 보호 캠페인을 하는 아이들

둘
욕심을 버린 숲

숲을 그냥 내버려 둬!
다비드 모리송 글·그림 | 크레용하우스

쥐돌이는 플라스틱, 병, 비닐봉지, 건전지, 알루미늄 캔같이 우리 생활을 편리하게 해 주는 물건들을 만드는 발명가다. 없어도 살 수는 있지만 있으면 더 좋은 물건을 만들다 보니 그 과정에서 '보라색 물'이 생긴다. 쥐돌이는 그 보라색 물을 숲 속으로 가져가 땅에 묻은 다음 예쁜 꽃 한 송이를 심어 놓고 "감쪽같아!"라고 말하며 좋아한다. 하지만 얼마 못 가 꽃이 죽자 이번에는 그 오염 물질을 잠수정에 넣어 깊은 바닷속에 버린다. 그랬더니 오염 물질이 땅 밑으로 스며들어 숲이 병들고 만다. 쥐돌이는 마지막으로 로켓을 만들어 오염 물질을 지구 밖으로 버린다. "이젠 됐다! 다시는 돌아오지 못할 테지."라며 뿌듯해 하는 쥐돌이. 하지만 그것도 잠깐. 하늘이 보라색 구름으로 물들더니 끈적끈적한 보라색 비가 내린다.

작가는 글의 내용을 요약하고 책을 만든 까닭을 분명하게 밝혀 놓았다.

그날 이후 쥐돌이는 새로운 발명품을 만들 때마다 아주 신중히 생각했대. 우리 생활을 편리하게 해 주는 물건을 잘못 사용하면 오히려 우리들의 삶이 파괴될 수도 있다는 걸 깨달았기 때문이지.

이런 작가의 의도는 면지의 변화에서도 나타난다. 앞면지에서 숲 속에 있던 쥐돌이의 발명 기지는 뒷면지에서 풀들이 무성하게 자라나는 숲의 일부가 된다.

우리가 흔히 쓰는 종이컵의 탄소발자국은 11g이다. 탄소발자국 표시를 의무화하고 지구 온난화의 주범인 이산화탄소 발생량을 줄이기 위해 노력하고 있는 나라들이 많아지고 있다. 인간의 삶을 편리하게 하는 물건들은 만들어지고, 사용되고, 버려지는 과정에서 쓰레기와 갖가지 오염 물질을 만들어 낸다. 세탁용이나 주방용 세제를 쓰지 않는 것은 분명 환경 오염을 줄이는 길이다. 하지만 쓸 수밖에 없다면 탄소발자국이 적은 물건을 사는 것이 '숲을 그냥 내버려 두는 일'이지 않을까. 숲을 더 푸르게 할 수는 없어도 더 망가지지 않게 내버려 두는 일, 그것부터 실천해야겠다.

탄소발자국

탄소발자국은 사람의 활동이나 하나의 상품을 생산, 소비하는 데 직간접적으로 발생하는 이산화탄소의 총량을 말한다. 지구 온난화의 주범 가운데 하나인 이산화탄소의 발생량 줄이기는 의무가 되어 가고 있으며 '저탄소 경제'라는 국가 정책의 하나로 나타나기도 한다.

1. 그림책을 보기 전에

    • 생활을 좀 더 편리하게 만들어 주는 발명품에는 어떤 것들이 있나요?
    • 그 발명품들의 좋은 점과 나쁜 점은 무엇인가요?
    • 오늘 보려는 그림책에도 발명가가 나옵니다. 표지를 보면 그 발명가가 쥐돌이라는 것을 알 수 있지요? 자, 그럼 쥐돌이의 발명과 숲은 어떤 관련이 있는지 생각하면서 이야기를 한번 들어 보세요.

2. 그림책을 보고 나서

    • 쥐돌이가 발명을 하면서 생긴 보라색 물을 어떻게 처리했는지 순서대로 말해 볼까요?
    • 보라색 물을 처리할 수 있는 다른 방법은 없을까요?

쓰레기의 행복한 여행
제라르 베르톨리니·클레르 드라랑드 글 | 니콜라 우베쉬 그림 | 사계절

이 책은 재활용에 대한 모든 정보를 담고 있다. 뭐든 버리고 새로 사는 세상에서 쓰레기를 줄이고 재활용하기 위해 내가 할 수 있는 일이 무엇인지 생각해 보게 된다.

탄소발자국
지구 환경을 되돌아보게 한 KBS 시사 프로그램. 에코 마케팅, 교토의정서, 이산화탄소, 온실가스, 탄소배출권, 지구 온난화 등의 이야기를 다루고 있다. (KBS 〈환경스페셜〉 2008년 6월 18일 방영)

자연환경을 살리는 방법 생각해 보기

- 자연환경을 파괴하고 결국에는 인간을 못살게 하는 것들을 어떻게 하면 없앨 수 있을까요?
- 가장 좋은 방법은 조금 불편하게 사는 것일지도 몰라요. 어쩔 수 없이 써야 한다면 환경을 조금 덜 파괴하는 것으로 쓰면 좋겠지요.
- 조금 불편하지만 환경을 살리고 인간을 살리는 일(탄소발자국을 줄이는 일)에는 무엇이 있을까요?
- 탄소발자국이 가장 적은 교통수단은 무엇일까요? 네, 바로 자전거입니다. 가까운 자전거도로나 공원에서 자전거를 타 보세요. 환경과 건강을 챙기고 좋은 경치도 볼 수 있는 뜻깊은 시간이 될 거예요.

이런 활동도 있어요!

◆ 모둠 친구들끼리 우리가 사용하는 물건 가운데 환경을 위해 쓰지 않아도 되는 물건 또는 환경을 덜 오염시키는 물건으로 바꾸어 쓸 수 있는 방법을 생각해서 적고 빙고 놀이하기

'환경 빙고' 활동지

꼭 필요한가?
환경을 위해 한 번 더 생각하기

모둠 이름(모두미):

우리 생활에서 꼭 필요하지 않은데 쓰고 있는 것, 환경을 덜 오염시키는 다른 것으로 대신해서 사용할 수 있는 것, 사용하면 건강에 나쁘고 환경을 오염시키는 것에는 어떤 것들이 있을까요? 모둠에서 토의해서 25가지를 고른 뒤 빈 칸에 채우세요.

식구들이나 친구들과 함께 자전거 타고 쓴 글

다음에 또 가자!

나와 현규, 은표와 진민이는 생태공원 쪽을 지나 물왕저수지를 향했다. 가다가 땅강아지와 달팽이를 주웠다. 아저씨와 아줌마들에게 인사도 했다. 물왕저수지 건너편 다리에 도착한 다음 가져온 음식을 다 먹고 물만 남기고 출발했다. 가는 중에 백로도 봤다. 생태공원의 공기가 매우 좋고 시설도 아주 좋았다. 그래서 우리 친구들은 토요 휴업일마다 가기로 하였다. 다음에는 코스를 좀 바꿀 것이다. ―김현광

자연이 줄 수 있는 행복

토요일에 아빠와 함께 생태공원에 가려고 했지만 비가 많이 와 일요일에 갔다. 나는 자전거가 없어 인라인스케이트를 타고 아빠는 자전거를 탔다. 자전거도로로 가는데 처음엔 울타리도 있고 길이 맨질맨질거려 타기 쉬웠지만 나중엔 울타리도 없고 길이 구불구불거려 타기 힘들었다. 하지만 주위의 아름다운 꽃을 보고 달리면서 자연의 바람을 느낄 수 있어 행복했다. 평소에 집에서 쐬는 선풍기 바람과는 느낌이 달랐다. 자연이 주는 행복이 이렇게 크다니! 우리는 자동차의 배기가스 등으로 이산화탄소를 배출해 아름다운 자연을 파괴하고 있다. 앞으로 가까운 거리는 자전거를 타고 다녀야겠다. 건강에도 좋고, 자연도 지키고, 아름다운 경치도 볼 수 있고, 1석 3조다. ―한혜성

다 못 갔어

생태공원 자전거도로부터 관곡지 주변까지 갔다 왔다. 저수지까지 가려고 했으나 땀띠 때문에 다시 돌아와야 했다. 갈 때 자전거도로로 차가 가는 것을 보았다. 자전거도로로 차가 다니다니! 이해할 수 없는 일이다. 그리고 쓰레기 버리는 사람도 보았다. 그

런 사람들을 보니까 버리는 사람 따로 있고 치우는 사람 따로 있다는 말이 생각났다. 갈 때 날파리와 모기가 귀에 들어가서 자주 멈춰야 했다. 관곡지 근처 의자에 앉아 쉬는데 나무가 있었다. 그 나무에도 많은 곤충이 살았다. 거미, 개미, 새 등 나무 한 그루에 그렇게 많은 동물이 사는 줄 몰랐다. 자전거는 무공해서 자연을 파괴시키지 않아 좋다. 만날 자동차를 타고 다니다가 자전거를 타고 운동도 하고 경치도 보고 해서 좋았다.

-방준호

환경 빙고 놀이

셋
알뜰 시장이 열렸어요!

책 이야기

빨간 줄무늬 바지
채인선 글 | 이진아 그림 | 보림

초록빛 지구를 위해 작은 일이지만 실천하는 사람들이 있다. 그 가운데 대표 선수가 예전 어머니들일 것이다. 어머니들은 구멍 난 양말을 기워 다시 신게 해 주고, 쌀뜨물을 받아 설거지를 하고, 작아진 옷들을 이웃과 나누었다. 아껴 쓰고 나눠 쓰고 다시 쓰고 바꿔 쓰는 알뜰함을 몸으로 보여 주었던 어머니들, 그들을 환경 운동의 선두 주자라고 해도 반대할 사람이 없을 것이다.

지금은 예전처럼 낡은 옷을 고쳐 입거나 누군가에게 물려주지 않는다. 그런 모습은 사람들 사이에서 점점 잊혀 가고 있는 게 현실이다. 하지만 작가는 빨간 줄무늬 바지가 여러 주인을 거치며 변해 가는 모습을 어머니의 바느질과 함께 아름답게 담아냈다.

처음에 김해빈 바지였던 빨간 줄무늬 바지는 동생 김해수의 바지, 사촌 동생 김형민의 바지, 해수 친구의 남동생인 이종익의 멜빵바지를 거쳐 해빈이 엄마의 남동생의 딸인 채슬아의 바지, 마지막으로 해빈이의 딸인 봄이의 곰 인형 바지가 된다.

새로 산 바지를 입으며 좋아하던 해빈이가 "엄마, 이 바지가 작아지면 다음에 누가 입을 거예요?" 하고 물어보았을 때 "아주아주 많은 아이들이 빨간 줄무늬 바지를 기다리고 있지." 하고 대답한 엄마의 말처럼 정말 많은 사람을 거치게 된다.

하지만 이 바지의 인연은 마지막 부분의 "여기까지가 빨간 줄무늬 바지의 길고 긴 이야기랍니다. 어쩌면 아직 끝나지 않은 이야기일지 몰라요."에서 언급된 것처럼 곰 인형의 바지에서 끝나지 않을지도 모른다. 다른 사람이 입던 옷이라고 함부로 대하지 않으며 자란 아이들이 커서 또 다른 어떤 물건으로 또 다른 인연을 만들어 갈지 모르기 때문이다.

1. 그림책을 보기 전에

- 함께 볼 책 제목은 '빨간 줄무늬 바지'예요. 표지를 보니까 다른 옷들에 비해 주인공인 빨간 줄무늬 바지는 눈에 잘 들어오고 멋지지요? 여러분에게도 이렇게 멋진, 주인공이 될 만한 이야기가 있는 옷이 있나요?
- 어떤 옷이고 어떤 이야기가 있는지 짝이나 모둠 친구들과 이야기를 나눠 보세요.

2. 그림책을 보면서

- 처음 빨간 줄무늬 바지를 입었던 해빈이가 봄이와 함께 다시 그 빨간 줄무늬 바지를 만났지요. "그럼 할머니, 이제 누구 차례예요?" 하는데 할머니가 "글쎄……." 하십니다. 그림을 보면 봄이가 입기엔 작아 보입니다. 그렇다면 누가 빨간 줄무늬 바지의 주인공이 될까요?

3. 그림책을 보고 나서

- 빨간 줄무늬 바지의 주인은 누구누구였나요? 차례대로 이야기를 해 볼까요?
- 새 주인을 만나는 동안 빨간 줄무늬 바지는 모습이 조금씩 바뀌었습니다. 어떻게 바뀌었나요?
- 여러분에게도 빨간 줄무늬 바지처럼 누군가에게 물려받은 옷이나 물려준 옷이 있나요? 누구에게 물려받고 누구에게 물려주었나요? 그렇게 물려주고 물려받아서 입을 때 느낌이 어땠나요?

 함께 보아요!

요셉의 작고 낡은 오버코트가…?

심스 태백 글·그림 | 베틀북

오버코트가 재킷, 조끼, 목도리, 넥타이, 손수건, 단추로 변하는 모습을 독특하고 재미있게 표현했다. 다음에는 무엇으로 변할지 아이들과 예측해 보는 것도 빼먹을 수 없는 재미다.

알뜰 시장 체험하기

- 여러분의 할머니와 할아버지는 물론이고, 어머니와 아버지는 옷이 작아지면 물려주었고 누군가 입던 옷을 물려받아 입었습니다. 그렇게 바꿔 쓰고 다시 썼던 건 가난해서 새것을 사지 못해서가 아니었답니다. 그렇게 아껴 쓰는 것이 환경을 생각하는 길이라는 걸 아는 지혜를 지녔기 때문이었지요.
- 벼룩시장이라고 들어 보았나요? 나한테는 필요 없거나 작거나 해서 쓸 수 없는 물건

을 가지고 나가 아주 싼 가격에 팔고 다른 사람이 가져온 물건도 그렇게 사기도 하는 시장이에요. 여러분이 흔히 말하는 알뜰 시장 같은 것이지요.

- 이렇게 바꿔 쓰고 다시 쓰려면, 나만 쓰면 그만이라고 생각하지 말고 아껴 쓰고 나눠 쓰려는 마음이 있어야겠지요?
- 여러분에게도 지금은 필요 없지만 버리기엔 아까운 물건이 많이 있을 거예요. 나에게는 필요 없지만 누군가에게는 소중한 물건이 될 수 있지요. 그런 마음들을 모으고, 물건들을 모아 알뜰 시장을 열어 볼 거예요. 망가져서 쓸 수 없는 물건들을 빼고 여러분이 사용하던 물건들 가운데 친구들이나 친구들의 동생, 형, 누나, 엄마, 아빠에게 필요할 것 같은 물건을 골라 보세요.
- 얼마에 팔면 좋을지를 식구들과 함께 정해 보고 이 물건은 어떻게 나의 것이 되었고 내가 어떻게 아껴 사용하던 것인지도 잘 기억해서 오세요.
- 물건을 팔아서 생긴 수익금은 어떻게 쓰는 게 좋을까요? (학급 문고에 넣을 책을 사는 것도 좋겠고, 학급 문집 만들 때 보태는 것도 좋겠고, 12월에 어려운 이웃을 돕는 데 기부를 해도 좋겠지요.)

'알뜰 시장' 활동지

알뜰 시장을 열어요!

이름:

① 활동의 목적 : 우리 집에서는 더 이상 필요 없지만 다른 친구들에게는 유용하게 쓰일 수 있는 물건들을 알뜰 시장을 통해 사고팔면서 자원의 재활용을 실천해 봅니다. 이 활동을 통해 자원을 아껴 쓰는 습관을 기르고, 지구촌 환경의 지킴이가 되어 보세요.

② 날짜 : ○월 ○일 ○요일

③ 대상 : 우리 집에서 더 이상 필요 없는 물건 다섯 가지(먹거리는 제외)를 시장에서 팔 수 있도록 깨끗하게 씻어서 가져옵니다.

④ 가격 : 식구들과 상의하여 결정하기

⑤ 수익금 사용 : 2학기 학급 문고 구입, 12월 어려운 이웃 돕기에 기부

내놓은 물건	가격 매기기	이 물건의 좋은 점

알뜰 시장 모습

알뜰 시장 끝나고 나서 쓴 글

소연이네 가게에 놀러 오세요~

내가 가져온 첫 번째 물건은 원형 필통이다. 갈색 바탕에 무늬가 많다. 두 번째 물건은 원투쓰리펜이다. 펜인데 하얀색으로 덧칠하면 펜의 뚜껑 색이 나온다. 원하는 색깔부터 쓴 다음에 덧칠을 해야 한다. 세 번째 물건은 타투펜이다. 스티커를 살에다 붙인 후 색칠을 하는 거다. 펜이 반짝거리고 예뻐서 그냥 종이에다 써도 예쁘다. 네 번째 물건은 핸드폰 줄이다. 검은색 바탕에다 흰색 땡땡이 무늬다. 다섯 번째 물건은 6색 미니 형광펜이다. 이건 케이스가 파란색이고 여섯 색깔의 형광펜이다. 원형 필통

물건 이름	가격	새 주인
필통	400 200	박예림
원투쓰리펜	500 답	박예림
타투펜	300	찬호
미니형광펜	200	아름
핸드폰 줄	200	우예림

(소연이)네 알뜰 가게

은 생일날 아리라는 친구가, 원투쓰리펜은 아빠가 5학년이 된 기념으로 사 주었다. 필통 가격은 300원, 원투쓰리펜은 500원이다. 타투펜은 300원, 미니 형광펜과 핸드폰 줄은 200원이다. 미니 형광펜은 진곤이가 준 것이고 핸드폰 줄은 내가 처음 핸드폰 산 날 산 것이다. 필통과 원투쓰리펜은 박예림이가 사 갔다. 타투펜은 찬호가, 미니 형광펜은 아름이가 사 갔다. 핸드폰 줄은 우예림이가 사 갔다. 이 친구들이 내 물건을 구석에 처박지 말고 잘 사용하면 좋겠다. 난 규화네 가게에 가서 예쁜 미키 노트와 연두색 바탕에 땡땡이 무늬 머리띠를 샀다. 연희네 가게에 가서는 파란색 핀과 천으로 된 지갑을 샀다. 모두 300원이다. 하나에 100원이어서 부담 없이 살 수 있었다. 마지막으로 예림이네 가게에 가서 동생에게 줄 왕볼펜을 200원 주고 샀다. 알뜰 시장을 하니까 내가 상인이 된 것 같아 뿌듯하다. 나한테 필요 없는 물건이 다른 친구들에게 잘 팔릴 줄은 몰랐다. 환경도 살리고 내가 갖고 싶었던 물건을 사니까 기분이 좋다. 다음에 또 하고 싶다.

-장소연

넷
환경과 손잡고

대머리 사막
박경진 글·그림 | 도깨비

이 그림책은 인간이 자연을 얼마나 많이 파괴하고 있는지를 잘 보여 주는 책이다. 작가는 푸른 들판에 집을 짓고, 길을 내고, 말과 들소들을 잡아들이고, 닥치는 대로 사냥하는 인간들의 욕심 때문에 망가지는 숲과 생명들을 점점 작아지는 그림으로 표현하고 있다.

그림책을 펼치면 푸른 들판에서 평화롭게 노니는 생명들의 모습이 두 면 가득 그려져 있다. 책장을 넘길 때마다 평화로운 장면은 조금씩 줄어들더니 마침내 한 쪽에만 그려지게 된다.

사막이 된 숲이 '모두들 어디로 갔을까?' 하고 숲에 살던 생명들을 그리워하는 모습에서 우리 인간들이 무슨 짓을 했는지를 생각하지 않을 수 없다.

숲이 사라지면 물도 사라지고, 물이 없으면 이 세상 모든 생명체가 살 수 없게 된다. 인간도 예외일 수는 없다. 밤하늘에 별이 된 수많은 생명들이 아름답게 빛을 내며 인간들에게 말하는 것만 같다. "이제 그만하지?" 하고 말이다.

1. 그림책을 보기 전에

- 그림책의 제목이 무엇인가요?
- 그냥 사막과 '대머리 사막'은 어떻게 다를까요?
- 대머리 사막의 꼭대기 부분은 사람처럼 표현되어 있습니다. 표정이 어떤가요?
- 대머리 사막 아랫부분에 사진처럼 그려져 있는 동물들은 무엇을 뜻할까요?

2. 그림책을 보고 나서

- 푸른 들판과 울창한 나무숲은 어떻게 되었나요?
- 그것을 그림으로 어떻게 표현하였나요?
- 그렇게 된 까닭은 무엇인가요?
- 푸른 들판과 울창한 나무숲에 살았던 동물들에게, 밤하늘에서 별로 빛나는 동물들에게 우리는 어떤 이야기를 해 줄 수 있을까요?

환경이랑 얼마나 친하세요?

데이비드 벨라미 글 | 페니 단 그림 | 계림북스쿨

고래를 나타내는 W.H.A.L.E를 환경에서 가장 중요한 물(Water), 생활 환경(Habitat), 공기(Air), 생명(Life), 에너지(Energy)로 풀어내면서 고래 친구를 도와줄 수 있는 방법을 이야기한다. 욕실과 부엌에서 환경을 지키는 방법부터 맨 뒤에 환경 관련 단체 소개까지 알찬 내용이 가득하다.

환경 신문 만들기

- 7월 한 달 동안 환경과 관련하여 활동했던 것들을 담아 모둠별로 환경 신문을 만들어 봅시다.
- 환경 오염의 심각성을 알리거나 환경 보호의 필요성을 주장하는 공익 광고를 만들어서 넣어 봅시다.
- 환경 오염으로 사라져 가는 동물들에는 또 어떤 것들이 있을까요? 찾아보고 정리해서 넣어 봅시다.
- 환경과 관련된 그림책, 노래 가사 바꾸기를 넣어도 좋습니다.

이런 활동도 있어요!

◆ 창의적 체험 활동의 봉사 영역 시간에 학교 주변 쓰레기 줍기

환경 신문 만들기

환경 신문 만들기

환경 신문 보는 아이들

아이들이 만든 환경 신문들

환경을 생각하는, 7월

환경 공익 광고 만들기

〈아름다운 세상〉 노래 가사 바꾸기

자전거 타는 세상

자동차 타고 있을 땐 하늘을 봐요

공기 중 높이 떠 있는 매연이 보이죠

하늘을 볼 때마다 다짐해 봐요

우리 함께 만들어 봐요

자전거 타는 세상

우리 환경 환경 이젠 아껴 봐요

우리 함께 만들어 봐요

자전거 타는 세상

전통의 멋을 아는

9월

- 우리 소리에는 뭔가 특별한 것이 있답니다!
- 정(情)이란 무엇일까? 우리의 명절 이야기 속에서 찾아보아요.
- 우리 한복 속에 숨은 아름다움.
- 우리의 전통 놀이! 알고 나면 더 재미있답니다.

하나
신명 나는 우리 소리

사물놀이 이야기
김동원 글 | 곽영권 그림 | 사계절

선을 상징하는 밝은나라에 악의 상징인 잿빛귀신이 쳐들어오면서 이야기가 시작된다. 밝은나라 임금님의 네 아들딸은 잿빛귀신에 의해 암흑으로 변해 버린 나라를 구하기 위해 네 가지 보물, 즉 꽹과리, 징, 장고, 북을 찾으려고 사방으로 흩어지고, 그림책을 읽는 아이들은 어느새 네 아들딸과 함께 흥미진진한 모험 이야기를 쫓아가게 된다.

이렇게 《사물놀이 이야기》는 여러 악기들 속에 담긴 상징과 의미를 웅장한 이야기와 역동적인 그림으로 풀어내고 있다.

사물놀이는 우리 조상들의 삶과 함께했던 두들소리다. 이 소리는 듣고만 있어도 신이 나고 마음이 설렌다. 이러한 두근거림을 아이들에게 간접적으로나마 느끼게 해 주는 그림책이 바로 《사물놀이 이야기》다.

그림책과 함께 있는 오디오북 CD를 통해 꽹과리, 징, 장고, 북 네 가지의 악기와 태평소가 함께 어우러지는 신명 나는 우리 가락을 감상할 수 있다.

1. 그림책을 보기 전에
   - '사물놀이'가 무엇인지 아는 사람이 있나요?
   - 《사물놀이 이야기》의 표지를 보면 네 사람이 각기 다른 악기를 들고 있습니다. 이 악기들의 이름을 맞혀 볼까요? 그리고 악기가 연주되는 것을 들어 본 적이 있으면 그 소리를 흉내 내어 볼까요?

2. 그림책을 보면서
   - 《사물놀이 이야기》 오디오북(1번 트랙)을 들려 드리겠습니다. 사물놀이에 등장하는 악기 속에 담겨진 숨은 의미와 상징들을 찾아보도록 합니다.

3. 그림책을 보고 나서
   - 신명 나는 우리 소리의 멋과 맛을 더욱 깊이 느끼면서 〈삼도 풍물굿〉(2번 트랙)을 들어 봅시다. 가락에 따라 몸을 이리저리 움직이면 더 좋습니다.

사물놀이

조혜란 그림 | 김동원 구음·감수 | 길벗어린이

꽹과리, 징, 장고, 북. 네 가지 악기의 개성 넘치는 소리를 음악 CD와 함께 구음으로 표현해 아이들이 흥겹게 따라 부를 수 있다.

《사물놀이 이야기》 정리하고 읽은 소감 쓰기

- 《사물놀이 이야기》 속에 등장하는 네 아들딸의 모험을 따라가다 보면 사물놀이 악기들과 여러 가지 상징들이 등장합니다. 〈보기〉에서 알맞은 단어들을 찾아 빈칸에 써 넣어 보고, 《사물놀이 이야기》를 읽은 소감도 적어 보세요.

> **보기**
> 나무, 물, 흙, 쇠, 청색, 노란색, 흰색, 검은색, 북, 태평소, 징, 장고, 구름, 바람, 비

북
지킴이 :
5원소 :
악기 :
자연 :
색 :

서	중앙	동
지킴이 :	지킴이 : 임금님	지킴이 :
5원소 :	5원소 :	5원소 :
악기 :	악기 :	악기 :
자연 :	자연 :	자연 :
색 :	색 :	색 :

남
지킴이 : 주작
5원소 : 불
악기 : 꽹과리
자연 : 번개
색 : 붉은색

◆《사물놀이 이야기》 읽은 소감

이런 활동도 있어요!

- 가족이나 친구들과 함께 사물놀이 공연장을 직접 찾아가서 들어 보거나 사물놀이 공연 동영상을 통해 우리의 소리를 감상한 후 실제 공연에서 느낄 수 있는 우리 소리의 멋을 찾아보고 일기에 관람 소감 쓰기. (사는 곳 근처나 수도권에서 정기적으로 열리는 사물놀이 공연 정보를 공유하도록 한다.)

식구들과 함께 풍물 공연을 보고 쓴 글

설레는 마음

일찍 갔더니 참 잘 보이는 괜찮은 자리를 얻었다. 그런데 궁금한 게 있었다. 공연 제목이 '놀자꾸나'라고 되어 있는데 막상 가서 보니 '처음처럼'이었다. 어쨌거나 공연은 시작되었고, 나와 엄마 그리고 혁하는 그 공연에 사로잡혔다. 공연을 하는 내내 잠시도 눈을 뗄 수가 없었다. 쿵덕쿵덕 절로 흥이 나게 하는 장구 소리, 깽깽 하며 내 귀를 자극하는 꽹과리, 두 등 두운 나를 쿵쾅거리게 하는 북 등 여러 전통 악기가 어우러져 멋있는 소리를 내는 음악은 환상 그 자체였다. 〈하루하루〉나 〈노바디〉 같은 가요보다 더 흥이 나고 즐거웠다. 그리고 제일 멋있었던 건 '판굿'이었다. 네 명의 어른이 옆으로 텀블링(?) 비슷한 걸 하면서 장단을 맞추고 화려한 모자를 돌려 가며 묘기 같은 공연을 했다. 정말 화려하고 놀라웠다.

- 최지현

식구들 소감

동생 : 엄마가 바빠서 이렇게 모인 적은 별로 없었다. 이런 기회가 있어 기뻤다.

엄마 : 처음엔 기대도 하지 않았고 풍물놀이라는 것만 알고 갔었다. 그런데 시작하고 얼마 지나지 않아 선생님께 고맙다는 생각이 들었다. 아이들처럼 박수 치고 소

리 지르며 멋진 공연에 참여했고, 구경꾼이 아니라 나도 배워 보고 싶은 생각까지 들었다.

덩실덩실 흥겨워!

아빠는 회사에서 늦게 퇴근하시기 때문에 안 되고, 언니는 고등학생이라 야자 때문에 시간을 낼 수 없어 엄마하고 나밖에 갈 수 없었다. 엄마하고 나는 신나고 흥이 나는 것을 좋아해서 달력에 '처음처럼, 사물놀이 저녁 7시!'라고 크게 써 놓았다. 미술, 수학, 영어 학원을 후다닥 마치고 바로 집을 나섰다. 장곡고등학교 앞에서 61번을 타고 거모동에서 다시 30번으로 갈아탔다. 엄마랑 공연에 대해 이야기를 나누다 보니 어느새 여성회관에 도착했다. 센스 있게 '처음처럼' 공연 팸플릿을 가지고 대강당으로 들어갔다. 다행히 공연을 시작하기 10분 전이라 안심하고 자리에 앉았다. 이리저리 둘러보니 저 멀리 승연이, 지현이, 효정이, 보람이도 보이고, 이성을, 이관형, 최찬호, 김진곤과 같은 남자애들도 보였다. 힘껏 손을 흔들었지만 애들은 나를 보지 못했다. 천막이 열리며 공연이 시작되고, 서해초등학교의 '아름소리'가 멋지고 흥겨운 사물놀이를 시작했다. 이어서 냉정초등학교의 모듬북, 군서초등학교의 아띠아해, 사물놀이, 태동소리, 설장구, 판굿을 듣고 계속 고개, 손, 발을 이용하여 리듬을 탔다. 다 끝나고 엄마는 내년에도 오자고 했고, 기회가 되면 모듬북을 꼭 배워 본다고 하셨다. 내년에는 꼭 가족들과 다 함께 와야겠다.

-한혜성

🔸 식구들 소감

엄마 : 어릴 적에 엄마 등에 업혀 동네 어르신들의 사물놀이에 장단을 맞추며 펄쩍펄쩍 리듬을 탔다는 얘기를 종종 들었다. 엄마 등에서 춤을 췄던 아기의 모습이 지금의 마음이었겠구나 하고 회상해 보는 시간이었다.

둘 한가위만 같아라!

솔이의 추석 이야기
이억배 글·그림 | 길벗어린이

이른 새벽, 솔이네 가족들은 고향으로 내려가는 버스를 타기 위해 한복, 짐 꾸러미, 선물을 챙겨 집을 나선다. 앞표지 그림 속에 앞장서 달려가는 솔이의 모습에서 명절을 맞아 설레는 아이의 마음을 그대로 느낄 수 있다. 고향으로 가는 버스표를 사기 위해 긴 줄을 선 사람들, 움직일 생각조차 하지 않는 고속도로의 귀향 차들을 보면서 요즘 시대의 추석 연휴를 떠올리게 된다.

그림책 속에 나오는 이야기의 배경은 지금의 모습과는 조금 다르지만, 도시 생활에 지친 사람들이 명절을 맞이하기 위해 고향으로 내려가는 들뜬 마음만은 그대로다.

집에 도착하여 지쳐 잠든 아이들 옆에서 고향으로 안부 전화를 하는 아빠의 모습, 그리고 할머니가 챙겨 주신 햇곡식과 과일, 참기름병만 봐도 명절을 통해 더 단단히 이어지는 가족 간의 따뜻한 정을 느낄 수 있다.

《솔이의 추석 이야기》는 아이들의 가슴을 졸이게 하는 이야기는 아니지만, 도시에 사는 솔이가 시골에서 추석 명절을 맞이하는 모습을 자세하면서도 정감 있게 그리고 있다. 추석을 맞이하기 전에 교실에서 아이들과 함께 읽어 보고 아이들의 이런저런 추석 이야기를 들어 보면 좋을 듯싶다.

1. 그림책을 보기 전에
   - 이제 얼마 있으면 추석이 다가오죠? 이번 추석 명절은 어디에서 보내나요?
   - (책 표지 그림을 보면서) 오늘 읽을 그림책은 《솔이의 추석 이야기》입니다. 솔이가 어디에 있는지 그림에서 찾아볼까요?
   - 솔이가 한복을 입고 있네요. 어디를 향해 달려가고 있을까요?
   - 자, 그러면 솔이는 추석 명절을 어떻게 지내는지 한번 읽어 봅시다. 각자 추석을 어떻게 보내는지 떠올리면서 읽으면 더 재미있을 거예요.

2. 그림책을 보면서
   - 솔이는 추석 명절을 지내기 위해 어디로 갔나요?
   - 추석 전날 차례를 지내기 전에는 어떤 일들을 하나요? (제기 닦기, 햅쌀로 송편 만들기, 전 부치기, 병풍과 돗자리 먼지 떨기, 지방 쓰기 등)
   - 추석날 아침에 차례를 지내고 나면 조상들의 산소를 찾아가 돌보는 일을 합니다. 그렇게 하는 것을 무엇이라고 할까요? (성묘)

3. 그림책을 보고 나서
   - 추석날 하는 여러 가지 놀이가 있습니다. 무엇이 있을까요? (강강술래, 줄다리기, 씨름, 가마싸움, 소놀이, 거북놀이 등)

전통의 멋을 아는, 9월

볼 것도 많다 살 것도 많다

최향 글 | 이은천 그림 | 대교출판

설날, 정월대보름, 한식 등의 명절날 모습을 정겨운 그림과 재미있는 동시로 표현한 그림책이다.

'추석맞이 숙제' 하기

- 추석 연휴를 즐겁고 보람차게 보내기 위해 '추석맞이 숙제'를 하도록 하겠습니다. 추석 연휴 동안 할 수 있는 아래의 여러 가지 활동 주제 중에서 한 가지를 선택하여 활동하고 활동 결과와 소감을 적어 오도록 하세요.

활동 주제

❶ 식구들이나 친척들과 함께 전통 놀이 하기

❷ 송편 빚기

❸ 달님에게 소원 빌기

❹ 우리 집 차례 상 그리고 설명하기

❺ 식구들이나 친척들이 추석 때 한 일 비교 관찰하기

'추석맞이 숙제' 활동지

한가위만 같아라!

솔이네 식구들이 추석 쇠러 가는 이야기를 읽으며 '우리 집은?' 하는 생각을 했지요? 자주 보지 못하는 친척들을 만나 무엇을, 어떻게 하며 보냈는지 이야기보따리를 풀어 놔 보세요. 한가위만큼이나 풍성한 나의 한가위 이야기를!

다음에서 한 가지를 골라 자세하게 쓰세요. 제목부터 쓴 후, 앞면에는 그림을 그리고 뒷면에는 정성스럽게 글쓰기를!

① 식구들이나 친척들과 함께 한 놀이
　　우리들, 어른들 아니면 같이 하는 우리 전통 놀이면 더 좋겠지요.

② 송편 빚기
　　송편 모양 그리고 설명하기, 누가 어떻게 만들었는지 자세하게!

③ 달님에게 소원 빌기
　　보름달에게 비는 소원은 꼭 이루어진다는데, 어떤 소원을 왜 빌었는지?

④ 우리 집 차례 상 설명하기
　　음식의 위치를 정확하게 그리기, 음식 이름, 누가 만들었는지, 어떻게 만드는지 등

⑤ 식구들, 친척들이 한 일 비교 관찰하기
　　엄마와 아빠, 나와 형제들, 남자들과 여자들 등

제목: 이름:

추석맞이 숙제를 하고 나서 쓴 글

송편 빚기

할머니께서 송편 반죽을 주셨다. 두 개를 주셨는데 흰색은 그냥 반죽이고 초록색은 쑥이었다. 향을 맡아 보니 쑥 향이 정말 깊이 배어 있었다. 처음에 만들 때는 잘 터지고 찢어졌지만 계속 만드니 잘 만들어졌다. 큰엄마, 큰아빠, 나, 아빠, 친척 언니가 만들었는데 큰엄마는 둥글게 만들고 아빠는 속을 채우고 나는 속을 팠다. 조금 울퉁불퉁했지만 정성이 담겨 있는 세린표 쪼물송편이었다.

– 윤세린

달님께 소원 빌기

이번 추석에는 보름달을 보지 못하는 줄 알았는데, 구름이 걷히더니 보름달이 나타났다. 두 손을 꼭 잡고 기도를 했다. 내가 가장 바라는 것을 소원으로 빌었다. '엄마가 빨리 낫기를 바랍니다.'라고 빌었다. 3학년 때부터 엄마가 많이 아프셨기 때문이다. 제발 내가 중학생이 되기 전에 엄마가 나으셔서 맛있는 음식을 드시면 좋겠다.

– 이정아

딸과 며느리의 차이

할머니네 집에서 딸과 며느리가 어떻게 다르게 일을 하는지 비교하였다. 친할머니한테는 며느리 둘과 딸 둘이 있다. 우리 엄마가 잘못해서 제사상에 올릴 음식을 떨어뜨렸는데 할머니가 불같이 화를 내셨다. 작은고모가 모기를 잡는다고 난리를 피우다가 제사상을 치는 바람에 약과와 생선이 떨어졌는데 할머니가 "너는 왜 그렇게 칠칠맞니?" 하더니 아무 말도 안 하셨다. 우리 엄마는 전 부치기, 약과 그릇에 놓기, 곶감 다듬기, 설거지, 밥 먹을 때 배달해 주기, 큰엄마는 과일 깎기, 밥상 정리, 밥 퍼 주기 등 엄청나게 많은 일을 했다. 반면에 큰고모, 작은고모는 오자마자 조금 나르는 듯하더니 TV

를 보다가 병풍 치는 일밖에 하지 않았다. 아무리 자신의 딸이라지만 너무 특별 대우를 해 주는 것 같아 보기에 좋지 않았다.

−최지현

추석맞이 숙제를 하고 나서 쓴 시

사 온 송편

최민혁

송편 만들려고 했는데
힘이 달리시는지
하시기 귀찮으신지
방앗간에서 떡이 왔다.

왜 사 오셨는지
숙제도 있는데
왜 안 만드셨는지
전통인데
무엇보다
내가 만든 거
내가 먹을 수 있는데

아빠들을 위한 날
이윤호

엄마들은 음식 준비 때문에
바쁘다.
하지만 아빠들은 잠만 잔다.
다르다. 너무 다르다.
엄마들은 일하고 아빠들은 자고
차례 지낼 때 빼고는
아빠들을 위한 날 같다.

귀찮았나 봐
손효정

할머니 댁에 가니
내 손바닥만 한 송편이
떡하니 있었다.
외삼촌이 만들었다고 한다.
어지간히 귀찮았나 보다.

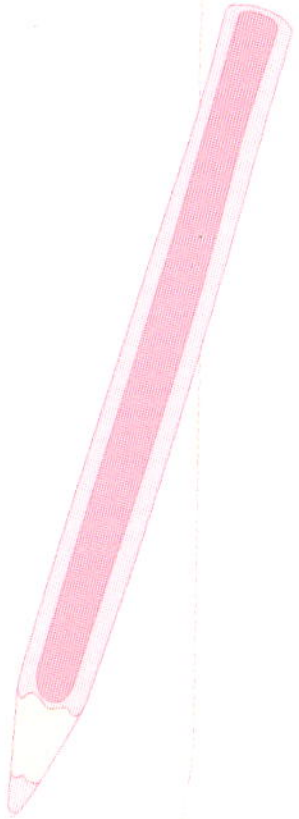

셋
아름다운 우리 옷

책 이야기

설빔 : 여자아이 고운 옷
배현주 글·그림 | 사계절

    명절이나 잔치 때 새 옷으로 차려입는 일 또는 그 옷을 '빔'이라고 하고, 설빔은 설에 입는 새 옷을 말한다. 《설빔 : 여자아이 고운 옷》은 설빔을 입을 날을 손꼽아 기다리는 여자아이의 설레는 마음과 새해의 첫날을 맞는 과정이 곱고 정갈한 빛깔의 그림으로 표현되어 있다.

    이 그림책이 출간된 후 일 년 뒤에 《설빔 : 남자아이 멋진 옷》이 출간되었다. 《설빔 : 남자아이 멋진 옷》은 장난꾸러기 남자아이가 설날 첫눈을 기다리며 혼자 설빔을 입는 모습을 앙증맞고 귀엽게 표현해 놓았다.

    두 권의 그림책 모두 우리 옷의 아름다운 자태라든지 옷 입는 방법을 글로 설명하기보다는, 책장을 넘기면서 자연스럽게 설빔을 입는 아이들의 모습을 눈으로 쫓아갈 수 있게 구성하였다.

  이 책을 보다 보면 어느새 우리 아이들이 설날 아침에 예쁜 설빔을 한 벌 입은 양 즐거워하며 우리 옷의 매력에 흠뻑 빠지게 된다. 또한 털배자나 조바위와 같은 한복 관련 장신구 용어도 익힐 수 있으며, 반닫이, 보료, 조각보와 같은 전통 소품들을 구경하는 재미도 있다.

함께 보아요!

설빔 : 남자아이 멋진 옷
배현주 글·그림 | 사계절

설빔을 입을 날을 손꼽아 기다리는 남자아이의 설레는 마음과 새해 새날을 맞는 기쁨을 담았다.

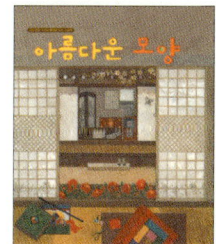

아름다운 모양
한태희 글·그림 | 한림출판사

우리 조상의 생활 속에서 발견할 수 있는 다양한 모양(네모, 동그라미, 꽃, 돌, 열두 띠 등)을 아름다운 그림으로 표현했다.

1. 그림책을 보기 전에

- 그림책 《아름다운 모양》의 표지를 보고, 그림 속에 어떤 것들이 있는지 말해 볼까요?
- 우리 조상님들의 생활 속에는 자연의 아름다움이 여기저기 스며 있습니다. 옛사람들은 왜 이렇게 자연을 닮은 모양들을 좋아했을까요?
- 옛사람들은 우리 옷 한복에도 이런 아름다운 모양과 빛깔들을 담아 놓았습니다. 오늘

은 설빔에 관한 책을 두 권 읽을 것입니다. 혹시 설빔으로 한복을 입었던 경험이 있는 사람은 손을 들어 볼까요?
- 《설빔 : 여자아이 고운 옷》과 《설빔 : 남자아이 멋진 옷》의 그림책 표지를 보면 여자아이와 남자아이가 입고 있는 옷과 머리에 쓴 것이 있습니다. 이것들의 이름이 무엇인지 알고 있나요?
- 우리 옷에 어떤 아름다움이 숨어 있는지를 생각하면서 그림책을 보세요. 그림책을 읽으면서 여러분도 설빔을 입는 상상을 해 볼까요?

2. 그림책을 보고 나서
- 그림책을 다 읽었습니다. 지난 시간에 우리 집 식구들이나 내가 한복을 입고 찍은 사진이 있으면 준비해 오라고 했죠? 사진을 보면서 언제 어디에서 한복을 입어 봤는지, 어떤 한복이었는지, 입었을 때 어떤 느낌이 들었는지 이야기해 볼까요?
- 한복 속에 묻어나는 우리 옷의 아름다움을 찾아보고, 어떤 것들이 있는지 자세하게 말해 볼까요?

'나만의 한복' 꾸미기

- 여자아이는 치마, 남자아이는 전복에 예쁜 색깔의 색한지를 붙이고 나만의 한복으로 꾸며서 색칠해 보세요.
- 한복을 직접 디자인한 후 색한지를 이용해 모자이크를 해도 좋습니다. 나만의 한복에는 어떤 색이 어울릴지 생각해 보고 우리의 전통 무늬도 그려 넣으면 좋겠죠?

◆ 모둠 친구들과 한복 치마를 만들어 볼까요? 2절 색한지로 치마를 만들고 사인펜으로 치마허리에 전통 무늬를 그려 넣으면 됩니다. 치맛단 아래쪽은 조각보 만들기처럼 남은 한지들을 이용해서 예쁜 모양을 만들어 붙이세요. 어떤 모양과 어떤 색깔로 한복을 꾸밀 것인지 잘 상의해서 역할을 분담하세요.

치마 허리에 있는 전통 무늬

한복 치마 만들기

나만의 한복 꾸미기를 하고 쓴 글

언제 이런 걸 해 볼까?

오늘 한복 디자인을 하면서 '언제 이런 걸 해 볼까?'하는 생각이 들었다. 생각보다 재미있고 시간이 빨리 갔다. 여자아이의 한복을 완성해 가며 예뻐지는 아이의 모습을 보니 뿌듯했다. 아래의 테두리 무늬는 내가 어렸을 때 입은 한복 테두리 무늬다. 꽃, 단풍처럼 생긴 무늬는 한복을 튀게 만들어 사람들의 눈길을 끌기 위해 만들었다.

-한혜성

나만의 한복을 디자인하고 모자이크로 표현하기 1

이민주

정연우

나만의 한복을 디자인하고 모자이크로 표현하기 2

내가 만든 한복, 내가 입어 봐야지!

나만의 한복을 디자인하고 쓴 글

내가 전통 한복을 만들다니……. 노력 끝에 만든 한복이 참 좋다. 나는 깨끗한 것을 좋아하기 때문에 거추장스럽지 않게 검은색으로 디자인했다. 어두워 보여 걱정했는데 선생님이 고급스럽다고 하니 기분이 좋았다.
-정줄영

내가 꾸민 한복은 꽃무늬다. 치마 밑에 큰 꽃이 네 개가 있고 나머지 부분에는 작은 꽃무늬가 그려져 있다. 처음 한 것 치곤 정말 잘했다고 생각한다. 소연이의 포장지 그림을 보고 작은 꽃무늬 아이디어를 얻었다. 내가 그린 게 실제로 만들어진다면 크기는 그대로 하고 작은 꽃무늬는 조금 작아지면 좋겠다.
-윤채빈

넷 알면 더 재미있는 우리 놀이

책 이야기

사시사철 우리 놀이 우리 문화
백희나 닥종이 인형 | 이선영 글 |
최지경 그림 | 한솔수북

이 책은 사라져 가는 우리 놀이와 우리 문화를 열두 가지 주제로 풀어내고 있다. 동네를 한 바퀴 돌며 구경하듯 책장을 한 장 한 장 넘기다 보면 우리 놀이와 세시풍속이 잘 드러나는 닥종이 인형의 생생한 몸짓과 표정들을 만날 수 있다. 그리고 각 주제별로 실감 나는 옛 정경들을 표현하기 위해 닥종이 인형과 함께 콜라주 기법으로 여러 가지 그림과 사진을 덧붙여서 보여 주고 있다. 또한 각 주제별 마지막 부분에 여러 가지 옛 물건이나 세시풍속에 대한 정보가 설명되어 정보 그림책으로서 부족함이 없다.

특히 우리 놀이에 대해서 아이들이 쉽게 이해할 수 있도록 놀이하는 방법을 자세하게 알려 주고, 놀이가 생긴 유래나 명칭의 뜻 등 아이들이 궁금해 할 만한 내용도 소개해 놓았다.

앞서 우리는 《사물놀이 이야기》를 통해 우리 소리의 멋을 느껴 보고, 《솔이의 추석 이야기》로 가족 간의 정과 명절 쇠는 즐거움을 알아 가고, 《설빔 : 여자아이 고운 옷》과 《설빔 : 남자아이 멋진 옷》을 보며 우리 한복의 아름다움을 찾아볼 수 있었다.

《사시사철 우리 놀이 우리 문화》는 9월 그림책 감상 활동의 주제인 '전통'을 마무리하는 그림책으로, 생활 속에 남아 있고 우리가 앞으로 지켜 나가야 할 우리의 아름다운 전통과 흥겨운 놀이 문화를 고향집을 돌아보듯 부담 없이 살펴볼 수 있는 그림책이다.

1. 그림책을 보기 전에

- 책 표지에 나와 있는 남녀의 옷은 뭐 할 때 입는 옷일까요?
- 여러분이 알고 있거나 해 보았던 우리 놀이에는 어떤 것들이 있나요?
- 우리 놀이와 우리 문화가 어떤 모습으로 우리 생활 속에 남아 있고, 아직까지 사라지지 않는 이유는 무엇인지 생각해 봅시다.

2. 그림책을 보면서

- 그림책의 앞쪽 면지를 자세히 보면 남자아이와 어른이 마을 입구에서 길을 걷기 시작하더니, (뒤쪽 면지를 펼치며) 어느새 마을을 다 지나 갑니다. 책 제목이 '사시사철 우리 놀이 우리 문화'인데요, 마을 속에는 어떤 풍경들이 담겨 있을까요?
- 그림 속의 닥종이 인형들처럼 해 보거나 구경해 본 적이 있나요? (그림책 속에 나오는 우리 놀이나 우리 문화를 경험한 적이 있는지 주제가 바뀔 때마다 질문해 보고 우리 전통에 대해 어느 정도 알고 있는지 살펴본다.)

3. 그림책을 보고 나서

- 작가는 왜 닥종이 인형으로 우리 조상들의 옛 모습을 표현했을까요?
- 오늘날 우리 친구들이 놀이하는 모습과 옛 친구들이 놀이하는 모습에는 다른 점이 있는 것 같아요. 무엇이 달라졌을까요? (놀이 문화가 변화된 이유도 생각하여 찾아보게 한다.)
- 그럼 우리 생활 속에 이런 전통 놀이나 문화가 사라지지 않고 여전히 남아 있는 이유는 무엇일까요? (오늘날까지 전통문화가 남아 있는 이유와 우리의 전통이 보존되어야 하는 이유를 찾을 때 아이들이 당위적인 목적에서 찾지 않도록 주의한다.)

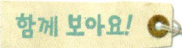

봉산탈사자춤

유승정 글·그림 | 초방책방

황해도 전승 가면극 〈봉산탈춤〉 중에서 '사자춤'을 그림책으로 재구성하였다. 익살맞은 마부와 이를 혼내 주러 온 사자 사이의 대화가 옥신각신 재미있게 펼쳐진다.

제기 만들고, 제기차기 대회 하기

- 우리 전통 놀이 가운데 제기를 직접 만들어서 제기차기 대회를 해 볼 거예요.
- 우선 준비해 온 고무줄과 동전, 화선지를 이용해서 제기를 만들어 보겠습니다. 제기 만드는 순서를 잘 지키되, 자신만의 개성을 살려서 제기를 만들면 더 재미있겠죠? 제기 속에 넣을 동전은 서로 떨어지지 않도록 미리 셀로판테이프로 붙여 둡니다.

- 제기를 다 만들었으면 한 발로 차는 땅강아지, 땅에 발을 안 딛고 이어 차는 헐랭이, 두 발로 번갈아 차는 어지자지 등 그림책에 나와 있는 제기 차는 방법 중에서 재미있는 것을 선택해 누가 제일 오래 찰 수 있는지 제기차기 대회를 해 봅시다.

이런 활동도 있어요!

◆ 운동장에서 사방치기, 윷놀이, 고누 놀이, 씨름 등 여러 가지 옛 놀이 하기

제기 만드는 과정

① 8절 크기에 맞게 화선지를 자른 후 예쁘게 꾸민다.

② 0.7cm 정도의 폭으로 화선지 끝부분을 가위로 자른다.

③ 자른 화선지 가운데에 동전 3~4개를 넣고 고무줄로 바깥쪽을 감싸듯이 묶는다.

④ 완성!

우리 제기도 멋지죠!?

제기 차는 방법도 가지가지!

발등차기

키보다 높게 차는 키지기

한 발로 차는 땅강아지

모두 빙 둘러서서 한 번씩 돌아가며 차는 동네제기

책 속으로
여행을 떠나는

10월

- 읽기를 넘어서는 책의 가치는 무엇일까요?
- 나를 꿈꾸게 만드는 책은 어떤 책인가요?
- 나를 변화시키고, 완성시켜 준 책은 어떤 책인가요?
- 우리가 직접 책을 만든다면 어떤 책이 될까요?

하나
읽기를 넘어서는 책

아름다운 책
클로드 부종 글·그림 | 비룡소

책을 읽다 보면 주인공이 기뻐할 때 같이 웃고, 슬퍼할 때 같이 울다 어느새 책 속 세계에 푹 빠지게 된다. 내가 마치 책 속 주인공이 된 것 같은 기분이 들기도 한다.

에르네스트와 빅토르 토끼 형제도 책 속 세계에 푹 빠져 진짜 여우가 나타난 것을 알지 못한다. 결국 토끼 형제는 위험한 상황에 이르게 된다. 그렇지만 그들은 읽고 있던 책을 이용해 위험에서 벗어난다. 작가 특유의 유머와 재치가 돋보이는 장면이다.

이 책을 읽고 나면 책이란 무엇인지 그 의미를 다시 한번 생각하게 될 것이다. 에르네스트가 책으로 늑대를 물리치고 나서 "봤지, 책은 정말 쓸모 있는 거야."라고 빅토르에게 이야기했을 때 빅토르가 맞장구를 칠 수 있는 것은, 그들이 책의 내용을 넘어 책의 의미를 느꼈기 때문일 것이다. 책은 꼭 내용을 읽고 이해하는 데 그 가치가 있는 것이 아니다. 그것을 넘어 그 이상의 가치가 있다는 것을 아이들과 함께 느껴 보았으면 한다.

1. 그림책을 보기 전에

- 지금 볼 그림책은 《아름다운 책》이에요. 책 제목이 왜 '아름다운 책'일까요?
- 표지에는 누가 있나요? 둘은 어떤 관계일까요?
- 어떤 이야기일지 생각해 보세요.

2. 그림책을 보고 나서

- 에르네스트와 빅토르 형제는 책을 통해 누구누구를 만났나요?
- 여러분도 빅토르처럼 책의 주인공이 된 것 같은 기분이 든 적이 있나요? 있다면 어떤 때였고, 기분이 어땠나요?
- 형제는 무서운 늑대를 어떻게 물리쳤나요?
- 여러분도 에르네스트와 빅토르 형제처럼 책을 읽지 않고 다른 용도로 쓴 적이 있나요? 책은 읽는 것 말고 어떻게 쓰일 수 있을까요?
- 여러분이 생각하는 '아름다운 책'의 의미를 말해 볼까요?

책 읽는 두꺼비

클로드 부종 글·그림 | 비룡소

두꺼비 침을 얻기 위해 두꺼비를 잡아야 하는 마녀. 마녀는 어떤 방법으로 두꺼비를 잡을까? 이 책 속의 두꺼비는 '책 읽는 두꺼비'라는 점에 힌트가 있다. 역시 클로드 부종의 유머와 재치가 넘치는 그림책이다.

'책'의 의미가 담긴 책갈피 만들기

- 여러분의 생각처럼 책은 여러 가지로 쓸모 있는 것이에요. 그렇기 때문에 '아름다운 책'이 된 것이 아닌가 생각해요. 유명한 사람들도 책에 대한 여러 가지 생각을 담은 명언들을 많이 남겼어요. 책에 대한 좋은 명언을 넣어서 우리가 책을 읽을 때마다 볼 수 있도록 책갈피를 만들어 보는 것은 어떨까요? 명언이 아닌 책에 대한 자신의 생각을 담아도 좋아요.
- 예쁜 나뭇잎과 꽃잎을 말려서 나만의 책갈피를 만든다면 더욱 의미 있겠죠? 예쁘게 말린 나뭇잎과 꽃잎을 이용해서 책에 대한 자신의 생각이 담긴 책갈피를 만들어 봅시다.

유의점

말린 잎과 꽃잎을 이용하는 책갈피 만들기는 잎을 말리는 시간이 일주일에서 열흘 정도 필요합니다. 미리 숙제로 제시해도 좋고, 예쁘게 말리는 방법을 모르는 학생들을 위해 수업 시간에 야외에서 같이 따서 말리는 것도 좋습니다. 잎을 두꺼운 책에 끼워 서늘한 곳에서 말려야 잘 마른다는 것도 잊지 마세요!

이런 활동도 있어요!

- 자신이 읽은 책 중에서 친구들에게 읽어 주고 싶은 책을 정해 모둠별로 돌아가면서 책 읽어 주기
- 책을 한 권 골라 식구들에게 읽어 주고 난 뒤의 소감과 식구들이 이야기를 들은 소감 써 오기

활동지

석봉아, 내가 그림책을 읽어 줄 테니 너는 재미나게 듣고 글을 쓰거라!

이름:

오늘의 모둠장은 그림책을 모둠원들에게 실감 나게 읽어 줍니다. 나머지 모둠원들은 그림책을 감상하고 난 뒤 소감을 적어 주세요. 소감문에는 책 읽어 주는 친구의 낭독 특징이라든지, 그 그림책만의 특별한 점, 그림책 읽어 주기를 하면서 느낀 점 등을 자세하게 써 주면 좋겠지요? 그러면 읽는 재미와는 또 다른, 듣는 재미를 느껴 볼 수 있을 겁니다.

책 읽어 준 친구	그림책 제목 (작가 이름)	감상 후 소감

책의 의미가 담긴 책갈피

친구들에게 책을 읽어 주고 쓴 글

잘했을까?

친구들 앞에서 《친구야 미안해!》란 책을 읽어 주었다. 친구를 시샘했다가 사과하는 점이 감동적이어서 이 책을 선택하였다. 나는 선생님보다는 좀 부족한 것 같았다. 그래도 열심히 실감 나게 읽어서 친구들이 모두 10점을 주었다. 친구들이 높은 점수를 주니까 그동안 노력한 게 아깝지 않고 마음도 뿌듯했다. 친구들 가운데 혁하는 실감 나게 잘 읽어 주었다고 했고, 성원이는 목소리를 잘 꾸며 주었다고 말하였다. 지현이는 주인공인 마지와 에비의 감정이 잘 나타났다고 말해 주었다. 이 새로운 활동을 해 보니까 내가 선생님이 된 것 같아 참 즐거웠다.

-장소연

내가 제일 못한 것 같아!

그림책을 읽어 주려고 할 때는 떨렸지만 막상 시작을 하니 말을 멈출 수가 없었다. 우리 모둠 애들이 가끔씩 질문도 해 주니까 더 잘하게 되었다. 긴장이 풀려서 아이들한테 더 잘 읽어 준 것 같다. 다음에 하면 더 잘할 것 같기도 하다. 내가 고른 책은 《넌 내 멋진 친구야》인데, 이 책을 고른 까닭은 데써가 죽으면서도 주인을 지키는 장면을 보고 감동을 받았기 때문이다. 세아는 《수염 할아버지》, 민호는 《나무꾼과 늑대》, 효정이는 《하늘에서 음식이 내린다면》을 골라 친구들에게 읽어 주었다. 전부 다 잘 읽었지만 내 생각에는 효정이가 제일 잘 읽은 것 같다. 실제 일어난 것처럼 실감 나게 읽었기 때문이다.

모둠 친구들에게 책 읽어 주는 모습

-김진곤

식구들에게 책을 읽어 주고 쓴 글

우리 아버지께서는 죽어도 그림책을 보지 않는다는 말씀!

우리 아버지의 편견을 바꿀 수 없어 죄송합니다, 선생님. 친구들에게 읽어 주었던 고경숙 작가의 《마법에 걸린 병》을 골라 식구들에게 읽어 주었다. 병 속에 무엇이 들어 있는지 볼 수 있다는 게 재미있어 골랐다. 친구들에게 읽어 준 경험이 있어 더욱 편하게 읽어 줄 수 있었다. 그리고 식구들에게 "병 속에 무엇이 있을까요?"라고 물어보았더니, 거북이, 악어, 코알라 등등 여러 가지 동물이 나왔다. 책을 다 읽고 나서 엄마에게 소감을 물어보니 퀴즈 내서 맞추는 재미도 있었지만 《마법에 걸린 병》은 어린애가 읽는 책인 것 같다고 말씀하셨다. 어른들은 그림책을 어린애나 읽는 거란 편견을 가지고 있다. 어른들이 편견을 빨리 고쳤으면 하는 바람을 가져 본다.

-박인길

선생님이 된 기분

한나 요한젠이 쓴 《난 황금알을 낳을 거야!》라는 책을 골랐다. 먼저 내 이야기를 들은 관객은 엄마와 동생, 그리고 강아지 사랑이다. 아빠는 듣기로 하였지만 늦게 와서 듣지 못하셨다. 이야기를 시작할 때 머뭇거렸는데 그 이유는 강제로 TV를 꺼서 식구들의 반응이 조금 안 좋았기 때문이었다. 어쨌든 난 이야기를 시작했고 차근차근 그림 설명을 하고 앞표지도 보여 주었다. 근데 어? 책을 읽는데 나도 이해할 수 없는 그림이 있었다. 큰 닭 안에 작은 닭이 엄청나게 많이 있어서 복잡한 그림이었는데, 뭔 그림인지 알 수가 없었다. 엄마가 "이건 어떤 닭 한 마리가 다른 닭들을 지배하고 있는 것 같은데?" 하고 말해 주었다. 열심히 책을 읽고 마지막 부분에 다다랐는데 엄마가 하품을 해서 '내가 그렇게 재미없게 읽었나?' 하고 고민하기도 했다. 그래도 재밌는 책 읽어 주기였고 식구들 앞에서 잠시나마 주목을 받고 가족끼리 대화할 수 있어서 좋았다.

-최지현

➡ *식구들 소감*

동생: 나는 누나가 읽어 준 후에 정답을 맞혔다. '닭들의 자유'라고 답을 말했더니 칭찬해 주어서 기분이 좋았다.

엄마: 아이들이 보는 동화책이었지만 나한테 하는 이야기인 것 같아 공감하며 들었다. 한 마리 닭의 꿈이 모든 닭들에게 전염되듯 옮겨 가고 닭들이 그 꿈을 실현해 가는 것을 보면서 '꿈'이라는 것이 얼마나 소중한 것인지 다시 한번 생각하게 되었다.

둘 꿈꾸게 하는 책

책이 정말 좋아!
주디 시라 글 | 마크 브라운 그림 | 큰북작은북

　책 표지에서 동물들이 다 함께 들고 있는 책의 제목은 '책이 정말 좋아!'다. 동물들이 읽은 책이? 아니, 우리가 읽을 책이 바로 《책이 정말 좋아!》다.

　도서관 사서인 몰리는 이동 도서관 차를 몰고 동물원으로 향한다. 생각하고 언어를 사용할 줄 아는 건 인간인데 몰리는 책을 가지고 왜 동물원으로 간 것일까? 처음 책을 본 동물들은 멀뚱멀뚱 보고 있다가 금세 책 속에 빠지고 만다. 모두들 자신에게 맞는 내용의 책을 찾아 읽기 시작하고 나중에는 몰리의 도움 없이 동물 도서관을 운영하기도 한다.

　마지막 장에 있는 그림책 속 동물들에 대한 설명을 읽어 보면 동물들이 왜 그러한 책을 골라 읽었는지 쉽게 알 수 있다.

동물원에 갔는데도 동물들이 보이지 않는다면 그들이 책 읽기에 푹 빠져 있기 때문일 거라는 마지막 메시지는 이야기 속에서만이 아니라 현실에서도 동물들이 책을 좋아할 것만 같은 느낌을 준다.

동물들도 좋아하고 꿈꾸게 하는 책인데, 사람에게는 어떠할지 아이들과 이야기를 나누어 보면 좋겠다.

1. 그림책을 보기 전에

- 오늘은 《책이 정말 좋아!》라는 그림책을 볼 거예요. 여러분! 다 같이 '책이 정말 좋아!'라고 크게 한 번 외쳐 볼까요? 오늘 볼 그림책에서는 누가 책이 정말 좋다고 외치고 있는 것일까요?
- 표지에는 누가 있나요? 왜 동물들이 책을 들고 있을까요?

2. 그림책을 보고 나서

- 동물들은 왜 각자 다른 책을 골랐을까요?
- 동물들은 왜 각자 다른 방법으로 책을 읽었을까요? (발표를 들은 후) 마지막 장에 그림책 속 동물들에 대한 설명이 있네요. 읽어 보고 다시 생각해 볼까요?
- 여러분에게 맞는 책은 어떤 책일까요? 또 여러분에게 맞는 책 읽기 방법은 무엇이라고 생각하나요?
- 동물들은 어떻게 해서 몰리 없이도 글을 쓰고 도서관을 운영하게 되었을까요? (아이들의 발표 후) 혹시 책을 통해 꿈을 꾸게 되고 노력한 결과가 아닐까요?
- 동물원의 동물들처럼, 여러분에게도 꿈을 꾸게 해 주었거나 생활에 큰 영향을 준 책이 있었나요? 여러분에게 가장 의미 있었던 책은 어떤 책이었나요? 발표해 봅시다.

함께 보아요!

책 읽는 허수아비

마크 킴볼 몰튼 글 | 캐런 힐러드 굿 그림 | 예꿈

허수아비가 책을 읽는다? 허수아비 피트에게는 꿈이 있다. 도서관 사서가 되어 친구들에게 좋은 책을 소개하는 것. 허수아비 피트가 가르쳐 준 책의 매력을 아이들에게도 느끼게 해 보자.

엄마는 파업 중

김희숙 글 | 박지영 그림 | 푸른책들

장애인, 남녀평등, 주부의 가사 노동, 소외된 아이들의 이야기를 다룬 책이다. 식구들과 돌려 읽으며 사회 문제에 대해 함께 생각해 보고 식구들의 입장을 서로 이해해 보는 시간을 가져 보면 좋을 듯싶다.

 활동 이야기

독서 신문 만들기

- '내 인생의 책'이란 주제로 독서 신문을 만들어 봅시다.
- 기억에 남는 책과 그 이유, 읽기 힘들었던 책, 책 읽기에 대해 어른들과 동생들에게 하고 싶은 말, 책에 대한 명언, 퀴즈 등의 내용을 담아 보세요.

이런 활동도 있어요!

◆ 친구들이 읽으면 좋을 책 골라 추천 엽서 쓰기
◆ 식구들과 책 돌려 읽고 토론하기

'내 인생의 책'을 주제로 만든 독서 신문

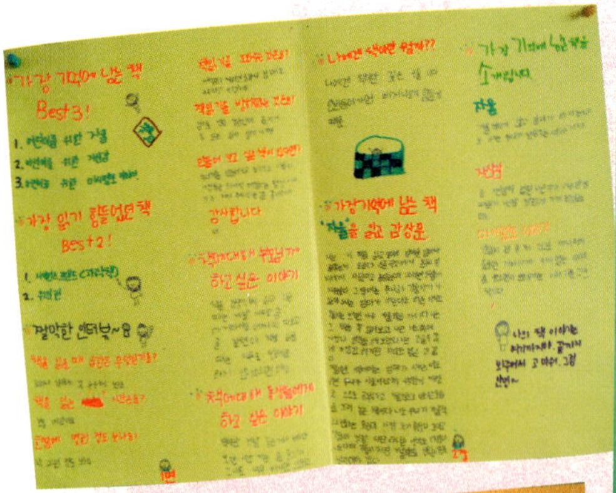

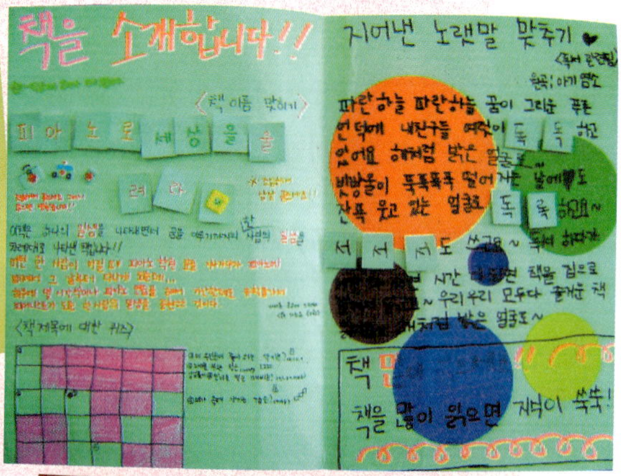

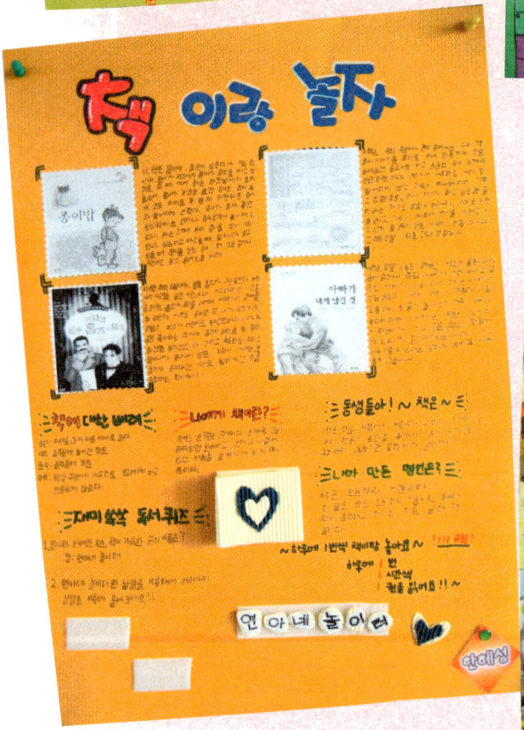

책 추천 엽서

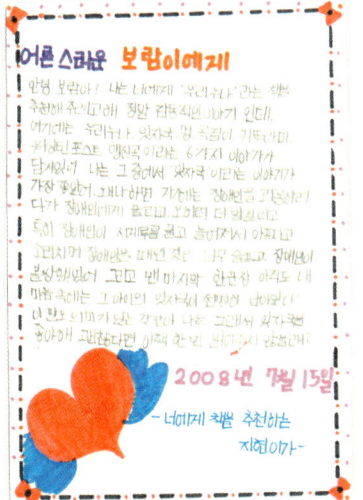
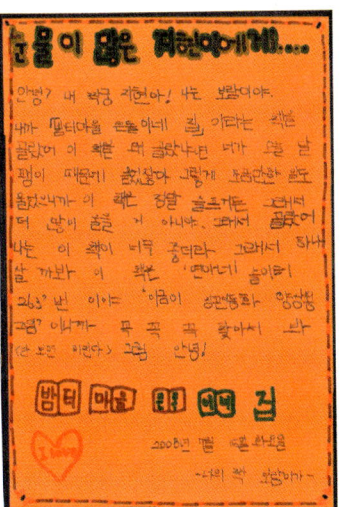

책 추천 엽서 후 답장

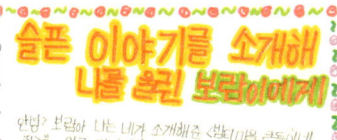
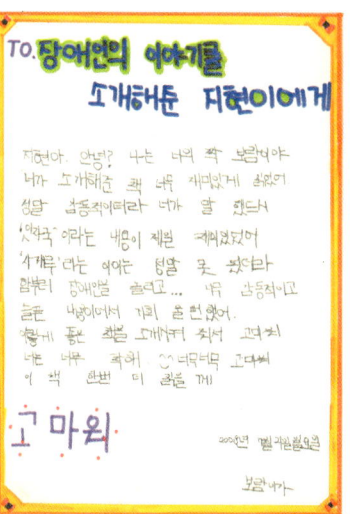

식구들과 《엄마는 파업 중》을 돌려 읽고 쓴 글

우리 가족은 '엄마는 꼭 파업을 했어야만 했는가?'를 주제로 토론을 하였다. 만장일치로 엄마가 파업을 한 이유는 타당하다고 생각했다. 동생과 나는 만약 그곳에 나오는 아이였다면 엄마를 평소에 잘 도와줄 것이라고 이야기했고, 아빠께선 엄마와 협상을 하고 진심으로 미안해 했을 거라고 하셨고, 엄마께선 그런 곳이라면 꼭 파업을 했을 거고, 협상이 마음에 들면 협상을 받아들이실 거라고 하셨다. 이런저런 이야기를 하다 보니 평소에 엄마를 잘 도와주자는 얘기가 나왔고, 서로 자유를 침범하지 않는 대신 자기의 의무를 다하자는 이야기까지 나왔다. 자신의 생각을 잘 말하여 주고, 서로 집중해서 들어주는 가족들을 보니 문득 '우리 가족은 파업을 할 일이 없을 것 같다!'는 생각이 들었다.

- 윤세아

● 식구들 소감

동생 : 앞으로 내 일은 스스로 하고 엄마가 어깨 아플 때는 주물러 드려야겠다. 신발 정리도 해야겠다.

아빠 : 엄마가 파업을 하게 된 것은 힘들었기 때문이다. 엄마는 집안일은 물론이고 아이들 돌보는 일 등 온갖 일을 도맡아 한다. 이제는 엄마에게 자유를 주어야 한다. 그러기 위해선 지금 엄마가 하는 일 중에 우리가 할 수 있는 일은 스스로 찾아 해야 한다.

엄마 : 이 이야기에 나오는 엄마는 어떻게 플라타너스 나무 위에 올라갈 생각을 했을까? 나도 언젠가 아무도 도와주지 않는 집안일에 치여 한 달 동안 휴가 갈 수 없나, 몸이 아파 입원이라도 하고 싶다는 엉뚱한 생각을 한 적이 있었다. 엄마의 파업은 "엄마 힘들어요! 도와주세요." 하는 도움 요청의 소리다. 평소에 아빠는 잘 도와주는 편이다. 앞으로는 아이들도 자기 일은 스스로 한다고 했다. 이번 숙제로 가족들이 터놓고 이야기할 수 있어서 참 좋았다.

셋
나를 만드는 책

난 무서운 늑대라구!
베키 블룸 글 | 파스칼 비에 그림 | 고슴도치

책 표지를 보면 무서운 늑대가 나타나 동물들을 잡아먹으려 하지만 책을 읽고 있는 젖소와 돼지, 오리는 꿈쩍도 하지 않는다.

본문 속 상황도 크게 다르지 않다. 배가 고픈 늑대가 동물들을 잡아먹으려고 달려들지만 책을 읽고 있는 동물들은 늑대를 하찮게 여기기만 한다. 오기가 발동한 늑대는 "난 무서운 늑대라구!" 하고 외쳐 보지만 오히려 동물들은 늑대의 무식함을 비웃는다.

무서운 늑대! 그냥 있을 수만은 없다. 동물들에게 무시당하지 않기 위해 학교를 다니기 시작한다. 늑대는 학교에서 글을 깨우치고 다시 그들을 찾아간다. 하지만 처음과 다름없는 동물들의 태도에 다시 뭔가를 생각해 낸다. 그것은 바로 책을 읽는 것이다.

그들처럼 책을 읽기 시작한 늑대는 어떻게 변했을까? 책을 읽은 후에도 여전히 "난 무서운 늑대라구!"를 외쳤을까? 책 속에 답이 있다. 책을 통해 깨달음을 얻은 늑대는 그들을 잡아먹으려고 하기보다는 그들을 친구로 만드는 것을 선택했다.

아이들과 함께 변해 가는 늑대의 모습을 보면서 나를 만들어 주는, 나를 완성시켜 주는 책이란 무엇인지 이야기를 나눠 보면 좋을 듯싶다.

1. 그림책을 보기 전에

- 지금 볼 그림책은 《난 무서운 늑대라구!》예요. 표지에는 누가 있나요? 늑대가 나타나면 약한 동물들은 어떻게 할까요? 늑대가 나타났다고 생각하고 동물들이 어떻게 할지 흉내 내어 볼까요? 그런데 늑대가 나타났을 때 책 표지 속의 동물들은 어떻게 하고 있나요?
- 왜 이런 일이 벌어졌을까요?
- 나중에 늑대와 동물들은 어떻게 되었을까요?
- 어떤 이야기일지 생각해 보세요.

2. 그림책을 보고 나서

- 무서운 늑대는 어떻게 변했나요?
- 늑대가 어떻게 해서 동물들과 친구가 될 수 있었을까요? 그렇게 되기 위해 늑대는 어떤 노력을 하였나요?
- 늑대처럼 여러분도 책을 읽어 도움이 되었거나 생각이나 행동이 변한 적이 있었나요? 어떤 책에서 어떤 도움을 받고, 어떤 점이 변화되었나요?
- 친구들에게 추천해 주고 싶은 책이 있나요? 그 책은 어떤 책인가요?

도서관

사라 스튜어트 글 | 데이비드 스몰 그림 | 시공주니어

독서광 엘리자베스 브라운의 이야기를 통해 책 읽기의 즐거움이 무엇인지 느끼게 하는 그림책이다.

책 광고 엽서 만들기

- 친구들에게 추천할 책을 광고하는 엽서를 만들어 봅시다. 광고는 기업이나 개인, 단체가 상품에 대한 정보를 알려 소비자들에게 원하는 목적을 거두기 위해 하는 활동이에요. 상품을 광고하는 거라면 소비자들이 그 물건을 사도록 하는 것이 목적이겠죠. 우리는 우리에게 의미 있는 책을 광고하여 그 책을 필요로 하는 친구들이 책을 읽고 싶도록 만드는 것이 목적이에요. 그러니까 책 광고 속에는 책에 대한 정보가 자세하게 들어가야겠죠?

◆ 자신이 들려주고 싶은 이야기, 혹은 자신이 쓴 이야기를 적은 다음 외우거나 숙달해서 친구들에게 들려주기

친구에게 이야기 들려주기

이름:

난 무서운 늑대라구!에 나오는 무서운 늑대는 이야기의 매력에 빠져 멋진 이야기꾼이 됩니다. 우리도 그렇게 멋진 이야기꾼이 되어 봅시다!

① 늑대처럼 책에서 읽은 재미있는 이야기를 친구들에게 들려줍시다. 어떤 책에 있는, 어떤 이야기(줄거리)인가요? 왜 그 책, 그 이야기를 골랐나요?

② 친구들에게 들려줄 이야기를 써 보세요. 친구들에게 진짜 들려주는 것처럼, 그 말 그대로! 제목부터 쓰고 이야기를 써 나가세요. (시간은 3분 정도)

책 광고 엽서

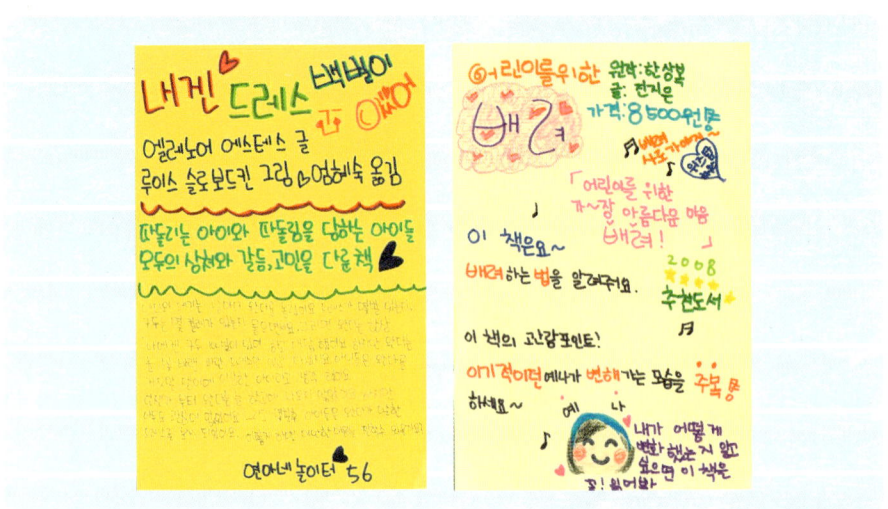

이야기 들려주기

산 귀신이 된 고집불통 남편

내가 들려줄 이야기는 《산 귀신이 된 고집불통 남편》이라는 책이야. 이제 시작할게.

옛날 에스파냐의 어느 마을에 사이 좋은 부부가 살았단다. 그런데 어느 날부터 부부 싸움이 자주 일어나기 시작했어. 아내는 식사 때마다 달걀 프라이를 식탁에 세 개씩 올렸는데 남편이

항상 두 개를 먹는 거야. 아내는 그것이 늘 불만이었지. 하루는 참다못한 아내가 남편에게 한마디 했어. "여보! 내일부터는 달걀 프라이를 공평하게 나눠 먹도록 해요!" 남편은 아내의 말을 듣자마자 소리를 버럭 질렀어. "나를 말려 죽일 작정이야? 나는 일을 많이 하기 때문에 달걀 프라이를 꼬박꼬박 두 개씩 먹어야 한다고. 알겠어? 알겠냐고?" 하지만 아내도 남편의 고집을 기어코 꺾고 싶었지. "이번에는 나도 양보하지 않겠어요!" "흥, 달걀을 두 개씩 못 먹는다면 차라리 죽어 버릴 테니 맘대로 하라고!" "맘대로 하세요. 죽으면 당장 묻어 드릴 테니까요!" "아이고 누가 죽으라면 못 죽을 줄 알아?" 남편은 벌렁 자빠진 채 죽은 시늉을 했어. "히히 이러면 달걀을 두 개씩 먹을 수 있겠지?" 하지만 남편의 예상은 빗나갔어. 아내는 당장 목수를 데리고 와 관을 맞추고 신부님까지 모셔 왔거든. 아내는 관에 엎드려 남편에게 말했어. "여보, 달걀 프라이를 공평하게 먹어요. 이러다 진짜 땅에 묻힌다고요." "어림없는 소리. 난 달걀 프라이를 적어도 두 개는 먹어야 일을 할 수 있다고!" 관은 묘지로 옮겨지게 되었어. 아내가 남편에게 말했어. "지금이라도 공평하게 먹겠다고 말하세요." "난 절대 포기 못해." "당신 진짜 죽고 싶어요?" 남편의 고집은 대단했어. 이윽고 관이 바닥에 내려졌어. 그제야 아내는 안 된다고 했지. "그만하세요. 당신이 매일 두 개씩 드세요. 엉엉." 남편은 기다렸다는 듯이 뚜껑을 박차고 나왔어. 그러고는 "나는 날마다 두 개씩 먹는다."라고 외쳤어. 사람들은 귀신이 사람을 먹는다는 줄 알고 도망갔다나 뭐라나?

-최지현

이야기를 들은 소감

우리 반에서는 지현이가 제일 잘했다. 아내와 남편의 목소리 흉내도 잘 냈다. 이야기를 들으면서 그 이야기 속의 인물들이 어떻게 했을지 상상이 갔다. 그와 반대로 나는 원고를 외우지 못해 빨리 들어가고 싶고 긴장해서 허겁지겁 읽기에 바빠 목소리 흉내를 내지 못했다. 학교에서도 조금이나마 목소리 흉내를 연습했는데 그게 다 물거품이 되었다. 아깝군!

-손효정

넷
내가 만드는 책

책 먹는 여우
프란치스카 비어만 글·그림 |
주니어김영사

책을 무척이나 좋아하는 여우 아저씨가 있다. 여우 아저씨는 책을 다 읽은 후엔 소금과 후추를 뿌려 먹어치운다. 그렇게 해서 교양에 대한 욕구뿐만 아니라 식욕도 해결한다.

어느 날 여우 아저씨는 구수한 종이 향기가 나는 도서관을 발견하게 되고, 그곳에서 신나게 책을 먹는다. 그러다 사서에게 들키게 되고 결국 도서관 출입 금지를 당하게 된다. 그 후 배고픔을 참다못한 여우 아저씨는 동네 서점을 털다가 감옥에 보내지고 '독서 금지'라는 가혹한 처벌까지 받게 된다.

절망의 나날을 보내던 그에게 떠오른 기발한 생각은 자기가 직접 글을 쓰는 것! 여우 아저씨의 글은 감방을 지키던 교도관을 감동시키고, 교도관은 출판사를 차려 여우 아저씨를 소설가로 성공시킨다. 그리고 여우 아저씨는 깨닫는다. 자신이 쓴 책이 가장 맛있다는 것을.

아이들은 누군가가 쓴 글을 읽기만 하는 수동적인 존재가 아니라 자신의 이야기를 풀어낼 줄 아는 능동적인 존재가 되어야 한다. 여우 아저씨처럼 직접 글을 써서 책을 만들다 보면 자신이 쓴 책이 가장 맛있고 가치 있다는 것을 느낄 수 있을 것이다.

1. 그림책을 보기 전에

- 책 제목이 '책 먹는 여우'예요. 정말 책을 먹는 사람이 있을까요? 혹시 그러한 경험이 있거나 그런 사람을 본 적이 있나요?
- 책은 어떠한 용도로 쓰여야 한다고 생각하나요?
- 사람마다 책에 대한 생각이 다 같을까요?
- 여우 아저씨는 책을 어떻게 생각하는지, 또 나에게 책은 어떠한 의미인지 생각하면서 그림책을 읽어 봅시다.

2. 그림책을 보고 나서

- 여우 아저씨가 책을 먹는 이유는 무엇일까요?
- 여우 아저씨는 책을 먹을 수 없게 되자 어떻게 하였나요?
- 여우 아저씨는 왜 자신이 쓴 책이 가장 맛있다고 느꼈을까요?
- 혹시 여러분도 여우 아저씨처럼 직접 책을 만들어 본 적이 있나요?
- 어떤 책이 가장 맛있다고 느껴질까요? 그럼 여러분에게 가장 맛있는 책은 무엇일까요?

  (아이들의 생각을 칠판에 받아 적는다.)

함께 보아요!

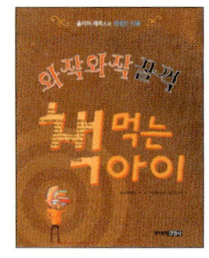

와작와작 꿀꺽 책 먹는 아이

올리버 제퍼스 글·그림 | 주니어김영사

책 속의 글자를 하나씩 먹다 보니 헨리는 선생님보다 지식이 많아진다. 책을 마구 먹다 병이 난 헨리가 책을 읽기 시작하면서 책을 먹을 때와는 다른 즐거움을 알게 된다.

'나만의 책' 만들기

- 여러분이 맛있다고 생각하는, 여러분이 좋아하는 책은 각자 다를 거예요. 그건 아마도 여러분의 성격과 취향, 여러분이 책을 읽는 목적 등이 다르기 때문일 거예요.
- 여러분도 여우 아저씨처럼 여러분에게 가장 맛있는 책을 만들어 봅시다. 먼저 이야기를 구상해서 쓰고, 그것을 고쳐서 책 내용을 만드세요. 그런 후 책 모양을 갖출 수 있도록 표지를 만들고, 그림과 글을 함께 넣어 꾸며 봅시다. 책 쪽수나 모양, 구성은 여러분의 생각대로 만드세요. 정말 '세상에 단 하나뿐인 나의 책'이 되도록 말

이에요.

- 책을 만들고 나서 왜 이 책을 만들게 되었는지 간단하게 소감도 쓰고, 다 만들어진 책은 친구들과 돌려서 읽어 봅시다.

이런 활동도 있어요!

◆ 친구들이 알고 싶어 하는 정보를 담은 정보책을 만들어 전시해 보기

이야기책 만들기

집 없는 아이들

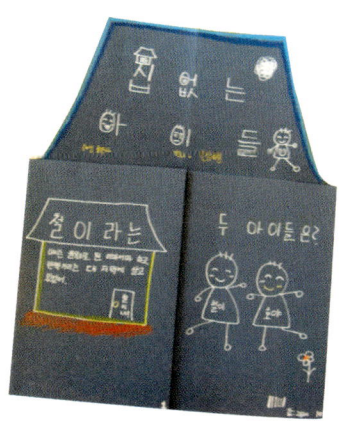

철이라는 아이는 원목으로 된 어마어마하고 반짝거리는 대 저택에 살고 있었어.

물론 그 집의 아들이 아닌 식모의 아들이었지만 말이야. 철이는 주인집 아들이랑 만나기만 하면 치고박고 싸웠어. 당연히 주인집 아들이 놀려서 그런 거야. 그러다가 엄마가 죽자 철이는 빈털터리가 되어 나왔지.

어느 날 나무 아래서 유치원 친구였던 호야라는 아이를 만났어.

"넌 어떤 아이니? 나랑 친구할래?"

철이는 그 아이와 똑같은 처지인 걸 알고 기뻐하며 단짝 친구가 되었어. 집도 돈도 없는 처지라 살 집을 구하기 위해 무작정 나무를 베어 조그마한 뗏목을 만들고는 바다로 나갔어.

노를 저어 가다 보니 저 멀리 조그마한 무인도가 있었어. 그곳은 풀 한 점도 나무 한 그루도 없는 허허벌판이었어.

둘은 바다의 생선과 오징어로 집을 꾸민 거야. 그랬더니 비린내가 나고 물고기도 몇 마리 남지 않았지. 아이들은 안 되겠다 싶어서 조개껍데기와 소라껍데기로 예쁘게 꾸몄어. 그러자 물고기들도 좋아하고 추위도 막을 수 있었어.

땅속의 동물들도 같이 어울려서 놀았지. 두 아이들은 자연과 더불어서 사는 자연인이 되었어. 돈도 외모도 신경 쓰지 않고 필요 없는 그런 세상이 바다 한가운데 떠 있는 거야.

-한혜성

만든 책을 읽고 있는 모습

정보책 만들기

예술을 만나는

11월

- 음악과 그림에게 시를 선물해요.
- 좀 더 재미있게 그림을 보고 즐겨요.
- 마법의 숫자 5·7·5에 내 마음을 표현해 보아요.
- 예술의 힘을 느껴 보아요.

하나
음악과 그림의 만남

 책 이야기

노란 우산
류재수 그림 | 신동일 작곡 | 재미마주

《노란 우산》은 노란색 우산 하나로 비 오는 날을 밝게 만들어 준 그림책이다. 작가 류재수는 글 없이 그림만으로 비 오는 날의 아이들 모습을 정갈하게 그려 내고 있다.

한 아이가 쓴 노란 우산이 집에서 나와 파란 우산을 만나고, 삼거리에서 빨간 우산과 만난다. 어느새 거리는 색색 우산으로 가득 차게 된다. 노란 우산이 친구들과 만날 때면 어디선가 재잘거리는 아이들의 목소리가 들리는 듯하다.

노란 우산이 학교에 도착할 때까지의 모습을 마치 하늘에서 내려다보듯 그린 그림을 따라가다 보면 어린 시절 우산을 쓰고 첨벙첨벙 빗물을 튀기며 놀던 우리 모습이 눈에 그려진다.

이 책은 피아노 연주곡과 함께 보는 그림책이다. 《노란 우산》의 그림에 맞춰 작곡한 피아노 연주곡은 마치 손바닥에 빗방울이 떨어지는 듯한 착각이 들 정도로 비 오는 날의 풍경을 잘 살려 준다. 빗소리가 있는 피아노 연주곡과 빗물에 젖은 듯한 수채화가 어우러져 그림책을 즐겁게 감상할 수 있다.

1. 그림책을 보기 전에

- 여러분은 '비 오는 날' 하면 어떤 것이 떠오르나요?
- 비와 관련해서 생각나는 것을 30초 동안 모두 적어 보세요.
- 여러분이 떠올린 것들을 생각하며 그림책 표지를 보세요.
- 어떤 이야기일지 눈을 감고 머릿속으로 그려 보세요.
- 그림책을 보면서 음악을 듣는다면 어떨까요?
- 그림책과 음악을 동시에 만나게 해 줄게요. (CD 1번 트랙을 들으며 《노란 우산》 그림책 읽기)

2. 그림책을 보고 나서

- 여러분이 본 《노란 우산》은 다른 그림책과 다른 점이 있어요. 무엇일까요?
- 그림책에 음악이 없다면 어떨까요?
- 글이 있었다면 그림책은 어떨까요?

노래 노래 부르며

이원수 외 작사 | 홍난파 외 작곡 | 장홍을 그림 | 길벗어린이

엄마, 아빠들이 어린 시절 부르던 아름다운 동요 19곡을 실었다. 음악과 함께 나오는 한국화는 아이들의 마음을 차분하게 만들어 준다. 음악 CD와 악보가 들어 있어 아이들과 함께 따라 부르기 좋다.

《노란 우산》에 글 넣어 보기

- 글은 없고 그림만 있는 《노란 우산》을 보니 어떤 점이 좋았나요?
- 그림에 맞는 이야기를 머릿속으로 상상할 수 있었을 거예요. 그리고 음악이 함께하여 그 상상은 더 생생하게 이루어졌을 거예요.
- 지금부터 그림과 음악에 어울리는 글을 써 봅시다. (CD 1번 트랙을 들으며 그림책 천천히 읽기)
- 먼저 선생님이 음악과 함께 그림을 천천히 보여 줄 거예요. 여러분은 장면마다 떠오르는 생각을 한 문장으로 적어 보세요.
- 여러분이 장면을 보면서 적은 짧은 글을 자연스럽게 이어지도록 다듬어 보세요.

이런 활동도 있어요!

- ◆ 음악을 듣고 이야기 지어서 완성하기
- ◆ 자기가 좋아하는 음악이나 노래를 소개하고 친구들과 함께 들어 보기

《노란 우산》을 들으며 글쓰기

- 한 장면마다 한 행씩 모두 13행

1. 혼자서 터벅터벅

2. 둘이서 신난다

3. 셋이서 야호!

4. 넷이서 룰루랄라

5. 다섯이서 진흙길을 철퍽철퍽

6. 여섯이서 갈라졌다가 뭉치자

7. 일곱이서 계단을 슝~

8. 열 명이서 나무처럼 차렷

9. 열둘이서 햇빛 없는 골목길도 씩씩하게

10. 열넷이서 빨리 가자 빨리

11. 스무 명인데도 고요하게

12. 우루루루 이젠 지겨워

13. 줄줄줄 빨리 가자

➲ 노란 우산에게 좋은 시를 선물해 주지 못해서 미안하다. 내가 시인이었더라면 좋은 시를 선물해 줬을 텐데. 그래도 열심히 쓴 건데 잘 봐주면 좋겠다.   -이윤호

1. 아이가 종종걸음으로 집을 나와 신나게 걸어갑니다.

2. 드디어 동무와 손을 마주 잡습니다.

3. 동무와 이야기를 합니다. 그때 골목에서 한 아이가 나옵니다.

4. 어느새 넷이 되어 다리를 건넙니다.

5. 다섯이 모여 기차가 되어 걸어갑니다. 아주 신나고 활기차게.

6. 우산을 돌리며 광장을 지나갑니다.

7. 아이들이 하나하나 계단을 내려갑니다.

8. 기다리고 있습니다. 어느새 기차가 지나갑니다.
9. 좁은 틈을 지나가며 이야기꽃을 피웁니다.
10. 물방울을 튀기며 횡단보도를 빙빙 돕니다.
11. 평화로운 공원을 지나갑니다.
12. 꽉 찬 길은 웃음꽃이 피어납니다.
13. 쉿! 이젠 공부를 할 시간.

● 노란 우산이란 음악으로 이루어진 책에 시라는 또 하나의 예술을 집어넣었다. 우린 작가도 작곡가도 화가도 아니지만 그림과 맞는 걸 집어넣었다.
ㅡ이성원

《노란 우산》 음악 듣고 이야기 짓기

아기 박새

아기 박새가 둥지에서 태어났다. 박새 부부는 행복을 감출 수 없었다. 폴폴거리며 뛰어다니는 작고 어린 생명을 볼 때면 걱정부터 앞서기도 했다. 비가 내리면 부모 새들은 마음을 졸였다. 어느 날 폭우가 쏟아지자 아기 새 중 세 마리가 죽었다. 부모 새가 죽은 새들을 보며 눈물을 흘렸으나 세 마리의 어린 새들은 숨조차 쉬지 않았다. 부모 새는 남은 한 마리를 애지중지 키웠다. 폭풍우가 불던 날 아기 새는 자신이 어른처럼 성장했다는 것을 알았다. 온 힘을 다해 부모를 지키려 했지만 부모 새는 그만 죽고 말았다. 다른 새들이 떠날 때 떠나지 못한 새 한 마리. 아기 새는 어미 아비의 곁을 떠나지 못했다.
ㅡ김윤표

세린이의 하루 일과

아침 새소리가 맑게 들려옵니다. 세린이는 새소리를 듣고 잠에서 깨어납니다.

"엄마, 오늘 아침은 뭐예요?"

"콘푸로스트란다."

세린이는 허겁지겁 맛있게 먹습니다. 그런 다음 즐거운 마음으로 학교에 갑니다. 1교시 수업이 끝나고 아이들의 시끌벅적한 목소리가 들려옵니다. 2교시에는 조용히 영화를 봅니다. 영화에서 들리는 큰 소리에 아이들은 놀랍니다. 2교시 수업이 끝나자 하늘에 검은 구름이 몰려옵니다. 그러다가 갑자기 비가 내립니다. 그러나 곧 하늘이 개고 하늘엔 무지개가 뜹니다. 그것을 보고 아이들은 와! 하며 신기해 합니다. 4교시를 마치고 친구들과 집에 갑니다. 집에는 맛있는 빵과 우유가 있습니다. 그 음식을 맛있게 먹습니다. 세린이는 음악을 듣다가 잠이 듭니다. 좋은 꿈을 꾸는지 입가에 미소를 짓습니다.

－윤세린

내 마음속에 들어온 노래

심사숙고 끝에 내린 결정

마이티마우스의 〈에너지〉다. 지치고 힘들 때마다 이 노래를 들으면 마음이 편해지고, 지쳤던 몸이 다시 금방 회복되는 것을 느낀다. 인상 깊었던 노랫말은 "너는 나의 에너지"라는 부분이다. 이 노랫말을 들으면 힘이 불끈불끈 솟는다.

－홍수민

난 이 노래가 생각나는데……

나는 Mocca의 〈I remember〉라는 노래가 마음에 들고 좋다. 예전에 언니가 한번 들려주었을 때 노래가 좋아서 아직까지 기억하고 있다. 이 노래를 듣고 있으면 구슬이 튀는 듯한 느낌이 든다. 그래서 혼자 있어 심심할 때 들으면 옆에 친구라도 있는 것 같아 심심하지가 않다.

-한혜성

유행해서가 아니라

내가 좋아하는 노래는 가수 인순이가 부른 〈거위의 꿈〉이다. 이 곡을 좋아하는 이유는 꿈을 지켜 나가는 애절한 마음이 잘 나타나 있고 내가 아무도 없을 때 흥얼거리기 좋은 노래기 때문이다. 그래서 이 노래는 내 꿈을 무시할 때, 우울해질 때 들으면 좋다. "버려지고 찢겨 남루하여도"와 "늘 걱정하듯 말하죠. 헛된 꿈은 독이라고" 이 두 부분이 인상적이고 마음에 든다. 그런데 왜 꼭 거위인가? 오리도 있고 참새도 있는데. 하지만 '닭의 꿈', '타조의 꿈'은 영 아닌 것 같다. 이 노래가 유행하지 않았어도 좋아했을 것이다.

-최지현

둘
그림 놀이

**앤서니 브라운의
행복한 미술관**
앤서니 브라운 글·그림 | 웅진주니어

미술관은 따분할 것이라는 아이들의 고정 관념을 사라지게 하는 그림책이다. 작가 앤서니 브라운이 실제로 미술관 작품들을 아이들에게 가르치면서 느꼈던 것들을 그림책에 담았다.

주인공은 어렸을 때, 어머니 생일을 맞아 식구들과 함께 미술관에 가게 된다. 처음 미술관을 가는 식구들의 얼굴에는 불만이 가득하다. 제각기 걸어가는 그들의 모습과 잿빛으로 그려진 그림은 그들이 얼마나 따분한 생활에 익숙해져 있는지를 보여 준다. 하지만 미술관에 도착하면서 그들은 점점 대화를 하게 되고, 미술 작품을 단순히 보는 것에 그치지 않고 상상이라는 양념을 더해 맛있게 감상하게 된다. 결국 이날을 계기로 주인공은 어른이 된 지금까지 그림 놀이를 하며 살게 된다.

책장을 넘길 때마다 따뜻한 느낌이 더해지는데, 어두운 색에서 밝은 색으로 변하는 그림 속에는 많은 이야기가 담겨 있는 듯하다.

뿐만 아니라 그림책을 보면서 존 마틴의 〈심판의 날〉, 오거스티스 에그의 〈과거와 현재 1〉, 피터 블레이크의 〈배지를 단 자화상〉 같은 실제 작품을 감상하는 재미도 있다.

1. 그림책을 보기 전에

- 미술관에 가 본 적이 있나요?
- 만약 가 본 적이 있다면 누구와 미술관에 갔으며 무엇을 보고 느꼈나요?
- 왜 제목이 '앤서니 브라운의 행복한 미술관'일까요?

2. 그림책을 보면서

- 주인공들의 모습이 어떤 그림 속에 어떤 모습으로 있는지 찾아보세요.

3. 그림책을 보고 나서

- 주인공은 누구와 미술관에 갔나요?
- 주인공과 식구들이 미술 작품을 감상하는 특별한 방법은 무엇인가요?
- 주인공처럼 미술 작품을 감상한 적이 있나요?
- 처음 미술관에 갈 때와 미술관을 둘러보고 나올 때 달라진 점은 무엇인가요?
- 그림책 속의 식구들은 미술관을 다녀오면서 무엇을 느꼈을까요?
- 미술 작품을 재미있게 감상하면서 식구들이 좀 더 가까워졌듯이 여러분도 미술을 특별하게 감상함으로써 주변 사람들과 활발하게 소통하면 좋겠어요.

함께 보아요!

프리다

조나 윈터 글 | 아나 후안 그림 | 문학동네

프리다 칼로의 일생을 담은 그림책이다. 장애를 넘어 사랑을 하고 자신을 오로지 그림으로 표현했던 프리다의 이야기는 우리에게 많은 생각을 하게 한다.

 활동 이야기

'자동화 기법'으로 표현해 보기

준비물 : 16절 도화지, 수채 도구, 포스터물감, 파스텔, 사인펜, 색종이, 풀, 크레파스, 모래, 종이 상자 등 입체적이며 다양하게 표현할 수 있도록 자유롭게 준비함.

〈한밤중의 여자와 새들〉

〈한 마리 새의 비행에 둘러싸인 여인〉

- 그림책 속에서 봤듯이 미술은 결코 어렵고 지루하기만 한 것이 아니에요. 선생님이 오늘은 여러분이 좀 더 즐겁게 미술 활동을 할 수 있도록 도와줄 거예요.
- 호안 미로라는 작가를 소개할게요. 그럼 호안 미로의 작품을 함께 볼까요? (호안 미로의 작품 〈한밤중의 여자와 새들〉, 〈한 마리 새의 비행에 둘러싸인 여인〉 감상)
- 이 그림들은 무엇을 표현한 것일까요?
- 이 그림들은 어떤 방법으로 그렸을까요?
- 호안 미로는 '자동화 기법'으로 그림을 그렸어요. 자동화 기법은 무엇을 그릴지 생각하지 않고 손이 가는 대로 그리는 것이에요.
- 여러분도 '자동화 기법'으로 표현해 봅시다.

  ① 선 그리기
   - 지금부터 모둠원끼리 돌아가면서 도화지에 손을 올려놓고 눈을 감고 자유롭게 선을 그립니다.
   - 끊어지는 직선이 아니라 계속 이어지는 곡선으로 그리고 될 수 있는 대로 손을 크게 움직이도록 합니다. (선생님의 신호에 맞춰 시작하고 끝남. 1인당 10초. 선이 도화지 밖으로 나가면 다시 들어와서 그리면 됨.)

  ② 모양 찾기
   - 자유롭게 그려진 선 중에 두세 가지를 고르고 주제를 정합니다.
   - 고른 선을 굵게 표시합니다.

  ③ 표현하기
   - 준비해 온 재료를 이용하여 주제에 맞게 표현합니다. 주제와 관련이 없는 선이라도 살릴 것은 살립니다.
   - 표현하기가 모두 끝났으면 자신이 표현한 주제가 어떤 것인지를 짧은 글로 설명합니다.

이런 활동도 있어요!

◆ **그림 놀이 하기**
처음에 한 사람이 모양을 그린다. 어떤 모양이든 상관없다. 다음 사람이 그 모양에 선을 덧붙여 다른 모양으로 바꾼다. 몇 명이 돌아가면서 계속한다. (모두미들이 각자 다른 색 사인펜을 가지고 덧붙여 그리기를 하여 자신이 그은 선을 확인해 볼 수 있게 한다.)

◆ **김홍도 작품으로 이야기 쓰기**
김홍도 작품 〈씨름도〉를 감상하고 그 속의 인물들을 분석해 보거나 작품에 어울리는 이야기를 지어 본다.

자동화 기법으로 호안 미로 따라잡기

고래가 상어 때문에 분노에 차서 파도가 거세지고 사건을 벌인 상어는 도망가고 난 상태다. 화가 난 이유는 상어가 고래의 먹이를 빼앗아 갔기 때문이다. 결국 상어는 다른 먹이를 잡아서 고래에게 주었다.
우리는 처음에 빨대와 면봉 등의 준비물을 가져오려고 했는데 용욱이가 빨대를 잃어버려서 작품이 이상했다. 그래서 화를 내다 보니 서로서로 불편했고 작품이 망한 것 같다. 그래도 모두가 열심히 했다.

〈분노에 찬 고래〉

-줄기자 모둠

우리가 만든 추상화는 '미식가의 보물'이라는 제목인데 콧수염을 달고 있는 멋쟁이 미식가가 주인공이다. 옛날에 콧수염을 달고 있는 멋쟁이 미식가가 살았는데 어느 날 시골에 있는 작은 식당을 찾게 되었다. 그곳에 있는 요리가 굉장히 맛있어서 입을 다물지 못하고 눈물을 흘리는 장면이다. 아무 의미 없이 선을 그렸을 뿐인데 의미를 찾아내니 이렇게 재미있는 그림이 되었다.

다 그리고 나서 보니 인길이는 미식가처럼 잘생긴 것 같다고 했고, 유진이는 미식가가 아니라 그냥 눈물을 흘리는 아저씨라고 했다. 태용이는 미식가가 사람 같다고 했고, 민지는 아무 선이나 그렸는데 그림이 완성되는 것을 보니 신기하다고 했다.

〈미식가의 보물〉

—낯다르게 모둠

그림 놀이 하기

제일 먼저 예린이가 그림을 그렸다. 슈퍼 사인펜의 'ㅅ'을 그린 것이라고 했다. 그 다음으로 민호가 다이아몬드 모양이라고 생각해서 'ㅅ' 아래에 'V'를 그리고 진식이가 다이아몬드를 닭의 부리라고 생각해서 부리 위에 눈을 그렸다. 그걸 보고 예림이가 닭의 얼굴이라고 생각해서 머리 모양과 눈동자를 그렸다. 다 그려 놓고 보니 정말 닭과 꼭 닮았다.

〈닭머리〉

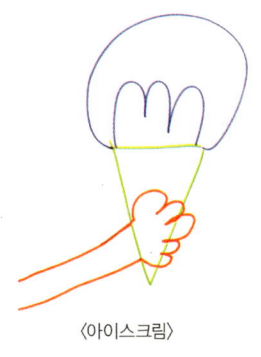

〈아이스크림〉

처음에 유진이는 고깔모자를 생각하며 그렸다. 두 번째 순서인 태용이는 그냥 막무가내로 선 하나를 그렸다. 민지는 생일파티를 하는 아이 얼굴을 그렸고, 마지막으로 인길이가 아이스크림 고깔콘을 그렸다. 유진이는 맨 처음에 인길이가 손을 그려 넣었을 때 전구인 줄 알았다고 했다.

처음에는 혜성이가 유령을 그리려고 했지만 두 번째 선수인 세아가 얼굴 형태를 잡으면서 아줌마를 그렸다. 포근한 느낌의 아줌마였는데 진곤이가 눈을 빨간색, 파란색으로 칠하며 무섭고 오싹한 아줌마가 되었다. 아줌마가 아닌 귀신 같은 느낌이 들었다. 세아는 눈이 짝짝이인 아줌마를 보고 고양이 같다고 했고, 혜성이는 오싹한 아줌마를 보니 소름이 돋는다고 했다.

〈무섭고 오싹한 아줌마〉

〈우리 모두〉

첫 번째 사람은 윤호였는데 윤호 옷에 있는 해골이 생각나서 보라색으로 둥그렇게 그렸고, 두 번째 사람은 승연이였는데 돌고래를 생각해서 노란색으로 꼬리를 그렸다. 세 번째 사람은 용욱이였는데 분홍색으로 물결무늬를 그렸고, 연희는 모양을 보니까 해골 같아서 이빨을 그렸다. 우리 모두가 생각이 맞아서 좋았다.

셋 우리도 짓는 특별한 시

시인과 여우
팀 마이어스 글 | 한성옥 그림 | 보림

이 책은 5·7·5의 3구 17자로 된 일본 특유의 단시 하이쿠를 소재로 하여 만든 그림책이다.

아름다운 하이쿠를 많이 남긴 일본의 위대한 시인 '바쇼'에 감명을 받은 미국의 작가 팀 마이어스가 글을 쓰고 우리나라의 그림 작가 한성옥이 그림을 그렸다.

깊은 산속에서 유유자적 생활하는 시인 바쇼는 어느 날 자신이 좋아하는 벚나무에 올라가 마음껏 버찌를 따 먹는 여우를 만난다. 이 여우는, 인간들보다 훨씬 뛰어난 시인은 여우들이라고 도도하게 말하고는 바쇼에게 멋진 시를 지어 오면 버찌를 마음껏 먹게 해 주겠다고 말한다.

위대한 시인이라 자부하는 바쇼는 세 번의 기회에서 두 번 연속 퇴짜를 맞는다. 결국 마지막 세 번째에 비로소 여우에게 인정을 받은 그는 여우와 인간 세계 양쪽에서 위대한 시인으로 남게 된다.

  아름다운 글과 그림을 함께 감상하는 것도 즐거운 일이지만, 이 책을 읽고 나면 예술이란 무엇인지에 대해서 다시 한번 생각하게 된다. 그리고 바쇼와 여우의 관계를 보면서 예술은 일방적인 것이 아니라 서로 소통하는 것이라는 사실을 알게 된다.

1. 그림책을 보기 전에

- 그림책 표지에는 무엇이 있나요?
- 《시인과 여우》는 어떤 내용일까요?
- 지금부터 시인과 여우가 어떤 이야기를 펼칠지 생각하면서 함께 읽어 봐요.

2. 그림책을 보면서

- 그림책의 그림은 분위기가 어떤가요?
- 바쇼는 여우가 원하는 시를 지을 수 있을까요?
- 여러분이 만약 바쇼라면 어떤 시를 지을 건가요?

3. 그림책을 보고 나서

- 바쇼는 왜 여우를 위해 시를 지었나요?
- 마지막에 지은 시가 여우의 마음에 든 까닭은 무엇인가요?
- 좋은 시는 어떤 것이라고 생각하나요?
- 다른 그림책과 비교하여 이 그림책의 특별한 점은 무엇인가요?

시인과 요술 조약돌
팀 마이어스 글 | 한성옥 그림 | 보림

《시인과 여우》 후속 편이며, 이 책 또한 하이쿠를 소재로 한 그림책이다. 한성옥의 서정적인 그림과 미국의 작가 팀 마이어스의 글은 단순한 후속 편 이상의 감동을 느끼게 한다.

'하이쿠' 지어 보기

- 《시인과 여우》에서 바쇼가 쓴 시가 '하이쿠'라는 것입니다. 우리가 짓는 동시와 하이쿠의 다른 점은 무엇인가요? 그림책에 나온 하이쿠를 살펴보면 공통점이 있습니다. 5·7·5 석 줄, 총 열일곱 자에 자신의 생각을 표현하는 것입니다.
- 지금부터 '바쇼 따라잡기'를 하겠습니다. 자유로운 주제로 하이쿠를 지어 보세요. 무작정 처음부터 글자 수를 맞추려고 하기보다는 먼저 자신이 어떤 내용을 표현할 것인지 정하고 그것을 적어 봅니다. 그런 다음 5·7·5, 열일곱 자 속에 들어갈 수 있도록 다듬습니다.
- 여우의 마음에 들기 위해 바쇼가 하이쿠를 지었듯이 친구들과 선생님의 마음에 들 수 있게 자신의 생각을 표현해 봅시다.

◆ 자유롭게 주제를 정해 시조 짓기. (시조는 초장, 중장, 종장으로 구분된다.)

바쇼 따라잡기

토요일이다
그런데 학교에 와
정말 지루해
최민혁

한국의 문화
경쾌한 사물놀이
세계의 최고
이민효

달이 보이는
저녁 우리 집 창문
풍경 멋있다
홍재효

놀고 싶은데
종은 울리지 않고
시계 보는 중
김신식

쉬는 시간 종
크게 크게 들린다
빨리 써야지
서보경

액세서리를
비즈로 만들었네
어, 잘못 꼈다
정예린

지구의 문제
환경과 경제 문제
해결이 될까
김인아

4교시 끝나
배고파 죽겠는데
종은 침묵 중
우예림

화장실 물이
쿠시시 소리 낸다
왠지 겁난다
정준영

시험까지는
9일이 남았는데
휴 한 건 없다
김인아

시조 짓기

학교의 운동장에 아이들 놀고 있네
아이들 공 소리가 뻥 하고 들려온다
힘차게 노는 아이들 보니까 너무 좋다
― 유영현

내 친구 사랑 실패하여서 위로한다
내 돈을 털어서도 내 친구 위로한다
그래서 틈새라면 내가 쏜다 약속이다
― 오수진

게임은 나쁘지만 우리는 가만있네
탈출을 시도하네 하지만 그대로네
탈출을 한 사람 있고 못한 사람 후회 중
― 이강원

이웃들 옹기종기 다 함께 연못 가네
어디서 풍당풍당 아이들 돌 던지네
엄마들 쫑알쫑알 수다를 밤새도록
― 김미희

시험은 끝났지만 기말이 다가오네
그래도 게임하네 지금도 놀고 있네
공부는 하기 싫고 기말은 다가오네
― 정동선

학원은 정말 싫네 숙제만 밤새도록
영어는 한글 없고 수학은 계산 많고
문제는 뭐라는지 정말로 미치겠네
― 김미희

넷
예술의 힘

세상을 바꾼 두더지
데이비드 맥페일 글·그림 | 문학동네

예술이 없는 삶은 어떠할까? 우리 생존에 꼭 필요한 공기나 물과 비교할 수는 없지만 예술도 살아가는 데 없어서는 안 되는 중요한 것이다. 그렇다면 예술은 우리에게 무엇일까? 《세상을 바꾼 두더지》에서 그 답을 찾을 수 있다.

두더지 몰은 자기가 만든 다섯 개의 굴에서 만족하며 살고 있지만 뭔가 허전함을 느낀다. 그러던 어느 날 몰은 텔레비전에서 바이올린 소리를 듣게 된다. 그 소리에 매료된 몰은 바이올린을 사서 혼자 연습하기에 이른다. 마침내 곡을 연주할 수 있게 된 몰은 자신의 연주를 듣고 세상이 바뀌는 상상을 한다. 하지만 그것은 상상이 아니었다. 몰의 연주가 죽어 가는 나무를 살리고 사람들 간의 전쟁을 멈추게 한 것이다.

예술은 자신뿐만 아니라 주변 사람들의 삶을 바꿔 놓는다. 세상에 예술이 없다면 만족하는 삶을 살기는 힘들 것이다. 몰이 바이올린 연주로 세상을 바꾼 것처럼 예술은 내 옆에서 의기소침하게 걸어가는 친구에게 기쁨을 선사하는 힘을 가지고 있다.

1. 그림책을 보기 전에
- 우리가 한 달 동안 본 그림책은 어떤 것이었나요?
- 《노란 우산》, 《앤서니 브라운의 행복한 미술관》, 《시인과 여우》는 모두 무엇에 관한 그림책이었나요?
- 음악, 미술, 문학 외에 어떠한 종류의 예술이 있을까요?
- 이러한 예술 가운데 여러분의 생활에 가장 영향을 미치는 것은 무엇인가요?
- 만약 예술이 없다면 어떨지 상상해 보세요.
- 지금부터 예술이 어떤 힘을 가지고 있는지, 두더지 친구 몰의 이야기를 통해 알아보도록 해요.

2. 그림책을 보면서
- 바이올린을 사서 연습하는 과정에서 몰의 표정을 살펴보세요.
- 몰이 바이올린을 연습하면서 어떤 일이 일어났는지 자세히 살펴보세요.

3. 그림책을 보고 나서
- 땅속에 살고 있는 몰은 바이올린을 사기 전까지 어떻게 살았나요?
- 몰은 바이올린을 연습하면서 어떤 상상을 했나요?
- 실제로 땅 위에서는 어떤 일이 일어났나요?
- 예술은 어떤 힘을 가지고 있다고 생각하나요?

함께 보아요!

행복한 청소부

모니카 페트 글 | 안토니 보라틴스키 그림 | 풀빛

주인공 청소부는 자신이 청소하는 거리가 예술가의 이름을 딴 것임을 알게 된다. 그 후 예술가에 대한 공부를 하고 예술에 눈을 뜨면서 유명해진다. 자신의 일에 행복감을 느끼고 주변 사람들에게 행복을 주는 과정이 잘 나타나 있다.

활동 이야기

'내 마음을 빼앗은 예술인' 소개 책 만들기

준비물 : 색 도화지, 가위, 풀, 사인펜 등

- 나의 마음을 흔든 예술인에 대해 조사하고 소개책을 만들 거예요.
- 도화지를 이용하여 나의 마음을 빼앗은 예술인을 친구들에게 소개해 보세요.

예술이란?

- 예술은 사람과 사람을 소통하게 하고 상상력을 키워 줘요. 그리고 우리에게 기쁨과 행복을 줘요. 예술을 한마디로 표현해 볼까요?
- '예술은 ~이다. 왜냐하면 ~ 때문이다.' 형식으로 예술을 표현해 보세요.

이런 활동도 있어요!

- ◆ 그림책 《주만지》와 영화 〈주만지〉 비교하기
- ◆ 식구들과 공연 보거나 미술관 가기. (공연 종류, 장소, 날짜 미리 안내해 줄 것!)

내 마음을 빼앗은 예술인

《르누아르와 놀자!》

작품집을 내며

르누아르에 대하여 많이 알게 되었다. 〈뱃놀이 일행의 점심〉이라는 유명한 작품도 알게 되었다. 이번 활동을 하면서 많은 화가, 예술가에 대해 알고 싶었다. 다음에는 르누아르 외에 다른 예술인들도 알아보고 싶다.

- 한혜성

작품집을 내며

시 감상집을 낼 때보다 더 뿌듯하고 재미있었다. 시는 좀 지루한데 이것은 큼지막하고 마치 미술관에 온 것 같아 재미있었다.

- 이윤호

《미로》

《베토벤의 음악에 취해 보자》

작품집을 내며

내가 예술인으로 베토벤을 선택한 이유는 〈노다에 칸타빌레〉나 〈베토벤 바이러스〉 같은 걸 보면서 가요뿐만 아니라 클래식에도 관심을 갖게 되었기 때문이다. 나는 베토벤이 태어난 날, 어렸을 적, 작품에 대해 조사하였는데 열심히 했지만 반에 반도 못 찾은 것 같다는 생각이 들었다. 베토벤에 대해 좀 더 공부하고 음악도 많이 들어서 누가 물어봐도 잘 대답할 수 있도록 베토벤 척척 박사가 되고 싶다. 클래식에 좀 더 관심을 갖고 바하, 모차르트 등에 대해서도 잘 알도록 노력할 것이다.

-김나윤

작품집을 내며

난 예전부터 삐삐 책을 좋아했다. 그렇지만 작가가 누구인지 보려고 하지도 않았다. 그러던 어느 날 연아네 놀이터에서 《나의 린드그렌 선생님》을 보면서 린드그렌 선생님을 알게 되었다. 어느덧 내가 좋아하는 작가 1위로 등극한 아스트리드 린드그렌 선생님! 이다음에 하늘나라에서 볼 수 있다면 보고 싶다. 작품에 대한 칭찬을 많이 많이 해 주고 싶다.

-우예림

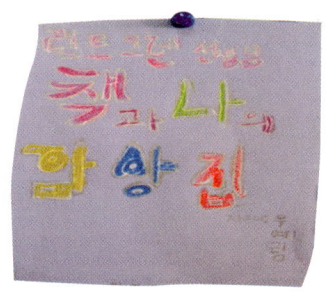

《린드그렌 선생님 책과 나의 감상집》

예술이란?

예술은 인공호흡기다

지구는 공기로 가득 차 있다. 하지만 시험, 취직, 경쟁, 일, 병, 죽음이 가득 찬 일산화탄소, 이산화탄소 같은 공기. 여기에 예술이라는 산소를 불어 주면 깨끗해진다. 그러므로 예술은 사람이 만든 인공호흡기인 것이다.

-최민혁

예술은 마술이다

누구든 예술에 빠지면 무엇을 느끼고 그것에 대해 생각하고 그것을 좀 바꿨으면 한다.

그것처럼 마술을 볼 때도 '어떤 마술일까? 어떻게 했을까? 속임수가 뭐지?'라는 생각을 하기 때문에 예술은 마술을 보듯 사람의 마음과 생각을 이끌어 낸다. -김진곤

예술은 아기다
아기를 보고 있으면 무척 예뻐 보이기도 하고 그러다 아기가 다치기라도 하면 슬퍼지고 하듯 예술은 우리의 마음을 기쁘게도 해 주고 슬프게도 해 주기 때문에. -최지현

예술은 약이다
기분이 나쁘거나 화난 상태일 때 아름다운 음악을 듣고 훌륭한 그림들을 보면 마음이 차분히 가라앉고 다시 좋은 생각을 가질 수 있게 해 주기 때문에 나를 고쳐 주는 약이다. -장소연

예술은 선생님이다
우리를 깨닫게 하고 가르치기도 하고 보여 주고 재미있게 해 주기 때문에 예술은 우리 반 선생님 같은 아주 좋은 것이다. -김보람

공연이나 전시회 관람하고 쓴 글

미술관 관람
나와 우리 가족은(아빠는 바빠서 못 오심) 인사동에 있는 아트사이드란 미술관으로 들어갔다. 거기에는 연필화를 전시하고 있었다. 다친 개미들이 쭉 있었는데 나, 미술 선생님, 엄마는 그 작품을 보며 "사람에게 밟힌 건 아닐까?" "아니야, 먹이 때문에 쟁탈전이 일어난 거야" "내 생각에는 먹이가 없어서 서로 잡아먹힌 것이 아닐까?"란 말들을

주고받았다. 게 그림을 보며 선생님이 물었다. "이 게는 왜 뒤집혀 있을까?" 내가 대답했다. "사람들이 뒤집어놓고 간 게 아닐까요?" 그러자 선생님이 "음……. 가능성 있네." 그러셨다. 2층에는 거미를 빤히 보고 있는 병아리가 있었다. 그리고 연필로 섬세하게 그린 그림이 있었다. 우리 일행은 연필로 어떻게 이렇게 잘 그릴 수 있냐며 감탄했다. 우리는 작품들을 보면서 재미있는 상상을 많이 했다. 연필화라 재미없을 줄 알았는데 오히려 재미있었다. 상상을 하면서 봐서 그런가?

-장소연

◯ 식구들 소감

엄마: 미술관 관람을 하니까 재밌다. 아이들과 쉽게 예술을 접할 수 있어 좋았다.
소미: 미술을 즐겁게 볼 수 있어 좋았다.

'안산문화예술의전당'을 다녀와서

오늘은 '안산문화예술의전당'을 다녀왔다. 도착한 뒤 티켓을 받고 간단하게 핫바랑 샌드위치로 저녁을 때운 다음 금난새의 오케스트라를 보러 갔다. 우리 자리는 C에 21, 22였다. 처음에는 재밌고 좋았는데 점점 졸려서 클래식이 수면제 같았다. 하프 소리는 작아서 잘 안 들렸다. 바이올린과 첼로 소리는 좋았다. 관악기는 종류를 잘 모르겠지만 트럼펫, 플루트, 팬플루트, 베이스 기타 등이 있었다. 제일 소리가 끌린 건 첼로, 베이스 기타였다. 끝날 때 박수 치느라 손이 부었다. 그래도 처음으로 예술을 감상해 보니 좋았다. 집에 갈 때 팬플루트 불었던 아저씨를 만났다. 나중에 또 봐야겠다고 생각했다. 그땐 안 졸아야지.

-방준호

◯ 식구들 소감

엄마: 선생님이 내주신 특별한 숙제 때문에 결혼 후 처음으로 예술의전당을 갔다. 내 마음은 대학 시절로 돌아간 것같이 설레고 즐거웠다. 영화관이나 전시회는 많이 갔었는데, 음악회에 가는 일은 그렇게 쉽지 않았다. 이제 준호가 음악회에 가는 것을 꺼려 하지 않으니 앞으로도 함께 가서 즐거운 시간을 보내야겠다.

고마움을 전하는

12월

- 식구들 품속으로!
- 선물은 꼭 비싸야 한다?
- 이웃과 더불어 살아간다는 것은 어떤 뜻일까요?
- 고마움, 미안함, 그리고 행복을 전하는 방법.

하나
안아 주세요

책 이야기

오늘의 숙제는
이모토 요코 글·그림 | 문학동네

날마다 식구들끼리 안아 주는 집도 있겠지만 그렇지 못한 집도 많을 것이다. 아이들은 언제 안기고 싶을까? 아이들은 언제 식구들을, 친구들을 안아 주고 싶을까?

《오늘의 숙제는》에서 선생님이 내준 숙제는 식구들에게 "안아 주세요."라고 말하고 식구들에게 안기는 것이다.

친구들 앞에서는 싫은 척했던 꼬마 두더지는 온 식구가 다 모인 저녁 식사 자리에서 오늘의 숙제가 무엇인지 말한다. 주인공 꼬마 두더지가 엄마와 아빠, 그리고 할머니와 오늘의 숙제를 하는 동안 가족 안에는 포근한 사랑이 싹트게 된다. 숙제를 많이 해서 뿌듯한 꼬마 두더지는 행복한 표정을 지으며 잠자리에 든다.

처음에 숙제를 받고 싫어했던 아이들이 다음 날 학교에 와서 자랑하듯 말하는 모습을 보게 된다. 이 숙제를 통해 식구들끼리 잘 표현하지 못한 사랑과 고마움을 아주 손쉬운 방법으로 표현할 수 있도록 알려 준 셈이다.

어떤 교실에서든 선생님이 이 그림책을 읽자마자 "오늘의 숙제는" 하고 말을 꺼내면 아이들이 다 알아듣고 큰 소리로 대답을 하게 될 것이다.

1. 그림책을 보기 전에
- 12월은 지난 1년을 되돌아보며 나를 건강하게 키워 주신 분들에게 고마움을 전하는 달입니다. 그래서 12월의 첫 그림책으로 《오늘의 숙제는》을 소개합니다.
- 이 그림책에서 선생님이 내준 오늘의 숙제는 과연 무엇일까요?

2. 그림책을 보고 나서
- 식구들이 동생만 예뻐하고 자신과는 놀아 주지 않는다고 생각했던 꼬마 두더지는 어떤 기분이 들었을까요?
- 꼬마 두더지는 엄마, 아빠, 할머니가 꼭 안아 주어 어떤 기분이 들었을까요?
- 여러분은 가장 최근에 식구들과 안아 본 적이 언제인가요?
- 부모님이나 형제들이 여러분을 꼭 안아 준다면 어떤 기분이 들까요?

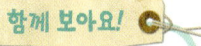

곰 아저씨에게 물어보렴

마조리 플랙 글·그림 | 비룡소

엄마한테 아이들이 줄 수 있는, 아이들이 주고 싶어 하는 생일 선물은 무엇일까? 아이들과 함께 책을 읽으며 곰 아저씨가 대니에게 어떤 선물을 주라고 했을지 이야기를 나누어 보면 좋겠다.

'안아 주세요' 활동 후 느낌 쓰기

- 《오늘의 숙제는》을 재밌게 읽었나요? 그렇다면 우리 반의 오늘의 숙제는?
- 오늘의 숙제는 식구들에게 '안아 주세요'라고 말하는 것입니다. 숙제를 한 다음 선생님이 나눠 주는 활동지에 여러분과 식구들의 느낌을 써 오세요.

◆ 내가 먼저 안아 주기
  우리 집 식구들을 한 번씩 안아 주고 칭찬도 해 준다.

활동지

안아 주세요

이름:

　식구들에게 어떻게 안아 달라는 말을 꺼냈고 식구들이 어떤 반응을 보였는지, 어떻게 안아 주었는지, 안아 주면서 또 안아 주고 나서 무슨 말을 했는지가 잘 드러나게 글을 씁니다. 안기고 나니 어떤지 여러분의 느낌도 잘 드러나게 씁니다. 식구들의 따뜻함이 잘 묻어나도록 써 봅시다.

'안아 주세요' 숙제를 하고 쓴 글

아, 좋아!

엄마한테 가서 "안아 주세요."라고 말하니 엄마가 "이리 와. 엄마가 안아 줄게."라고 말씀하셨다. 엄마 품에 안기니 왠지 모르게 기분이 좋았고 부드러웠다. 엄마가 "오랜만에 안으니 기분이 좋구나."라고 말씀하자 나도 마음이 안정되고 편안해졌다. 아빠보고 "안아 주세요."라고 하니 아빠가 웃으시면서 안아 주셨다. 비록 아빠의 까칠한 수염에 이마가 간지러웠지만 아빠가 행복해 하시는 모습에 나도 덩달아 기분도 좋고 포근했다. 아빠하고 안아 본 것도 엄마처럼 오래된 것 같았다.

-박인길

에…… 안아 주세요

밥을 먹고 있다가 갑자기 숙제가 생각나서 밥 먹고 있는 엄마에게 다짜고짜 말했다. "에…… 안아 주세요." 엄마는 "웬일이냐?"라는 표정으로 바라보더니 놀리는 듯한 목소리로 "싫어!"라고 했다. 순간 당황했지만 그 순간 엄마가 안아 주셨다. 엄마 품은 계속 안고 싶을 정도로 따뜻했다. 동생이 샘이 났는지 자신도 엄마한테 안겼다. 아빠한테도 말하기가 어려웠다. 그래서 "에…… 안아 주세요." 그랬다. 그러자 아빠는 그래, 그래 하며 안아 주셨다. 아빠 품은 참 넓어서 좋았다.

-장소연

따뜻한 가족의 품

"엄마, 엄마! 안아 주고 글 쓰는 숙제가 있는데 나 좀 안아 줘."라고 얘기하자 엄마가 "그래 착한 딸~" 하며 안아 주셨다. 엄마가 이렇게 친절한 이유는 시험공부 이야기를 했기 때문이다. 시험공부 계획을 말하기만 하면 난 '착한 딸'로 둔갑한다. 문제는 아빠였다. 아빠는 내게 어떨지 몰라도 난 아빠에게 서운한 마음이 있었다. 얼마 전 안아 달라고 했을 때 안으면서 너무 커서 징그럽다고 했기 때문이다. 남들은 딸이 아빠를 멀리해서 탈이라는데 난 아빠가 날 싫어해서 걱정이다. 어쨌든 숙제를 위해 안아 달라고 했다. "아빠, 나 글 쓰는 숙제가 있는데 좀 안아 줘요!"라고 했다. 그러자 아빠가 "응~"이라고 하며 안아 주었다. 동생과 내가 용돈 모아 사 준 싸구려 로션 대신 다른 로션 냄새가 났다. 하지만 서운하지 않았다. 서운한 것을 달래 줄 만큼 아빠의 품은 좋았다. 별명이 '배사장님'인 만큼 나온 배가 참 따뜻하고 좋았다. 다음은 희정이 차례다. 엄마 아빠와 똑같은 방법으로 말을 꺼냈고 동생은 장난스럽게 꽉 껴안았다. 생각해 보니 가족의 품은 다 달랐다. 하지만 따뜻하고 포근한 것은 같았다. －우예림

식구들 소감

아빠 : 예림이랑 같이 있는 시간이 적어 신경 써 주지 못해 미안하지만 잘하니까 기특하다.

엄마 : 세상에서 제일 좋아하는 딸을 내가 안아 주지 않으면 누가 안아 줄까!

희정(동생) : 누나가 만날 때려서 싫었는데, 오랜만에 안아 주니까 좋았다.

안아 주세요! 엄마, 아빠, 할머니

식구들이 거실에 있을 때 숙제가 있다고 말하니깐 엄마가 "뭔데?"라고 물었다. 내가 당당하게 안아 달라는 숙제라고 말했다. 아빠는 태어나서 처음 해 보는 숙제라고 말했다. 일단 엄마부터 안아 줬는데 엄청 포근했고 왠지 울컥했다. 아빠의 품은 덩치가 있어서 그런지 무서운 느낌이 들었다. 그래도 듬직해서 기분은 좋았다. 할머니의 품은 따뜻했다. 그리고 강아지의 품은 자다 일어나서 그런지 힘이 없었다. 그래도 우리 식구들 모두 오늘의 이 숙제를 마음에 들어 하는 것 같다. －박예림

내 새끼

부모님께 안아 달라고 했다. 그랬더니 부모님께서는 "내 새끼."라고 하시면서 크게 크

라고 말씀하셨다. 나는 가족이 이렇게 소중한지 몰랐다. 이번 숙제를 통해 가족은 정말 따뜻한 존재임을 알았다. 정말 이 숙제는 '괜찮은' 숙제인 것 같다.   -윤중현

안으니까 좋지?

집에 가서 엄마께 "안아 주세요, 숙제 있어요." 하고 말을 꺼냈다. 언니가 시험공부를 해서 가족들이 모이는 것은 어려웠다. 언니는 내가 안아 달라고, 안아 달라고 해도 "내 몸값은 비싸!" 하며 튕기더니 결국 안아 줬다. "언니, 엄마 없을 때 엄마처럼 해 주고, 내가 모르는 건 알려 줘서 고마워." 그러자 언니는 "핸드폰 콩 없을 때 빌려 줘서 고마웠어."라고 했다. 아빠에게는 내가 쏙 안겨졌다. "아빠, 나랑 공기놀이해 줘서 고맙고, 내가 힘들 때 안마해 줘서 고마워요." 아빠는 "음, 세린이는 옛날보다 안 아파서 고맙고, 공부도 열심히 해서 고마워." 하셨다. 아빠하고 숙제를 끝내자 엄마가 "이리 와. 숙제하자."라고 하셨다. 난 얼른 달려가 안겼다. "매일매일 맛있는 밥 해 줘서 고맙고, 나 키워 줘서 고마워요." 엄마는 "안 아파서 고맙고, 공부 잘해 줘서 고마워."라고 하셨다.   -황세린

➲ 식구들 소감

엄마 : 언제나 폭폭 안기는 세린이는 참 따뜻한 아이다. 바다처럼 넓고 깊은 마음을 가지고 있어 예쁘다. 전보다 잔병치레도 덜하고 건강해져서 다행이고 고맙다.

아빠 : 매일매일 안기고 뽀뽀하고 하루에도 몇 번씩 전화해서 조잘대서 예쁘다. 잔소리 하면서 퇴근 시간 챙기는 막내딸! 넌 이제 5학년이다. 엄마가 아니다.

언니 : 세린이가 날 안고 나서 고마운 것들을 쫙 말하는데 처음 들을 때는 웃겼다. 평소에 잘 안아 주지 않았던 것이 미안하기도 했다. 앞으로는 자주 안아 주고 내가 먼저 세린이한테 다가가야겠다는 생각도 들었다.

나 : 가족들이 이렇게까지 생각하는 줄은 몰랐다. 꼬마 두더지처럼 나도 기분이 좋았다.

둘
고마워! 고맙습니다!

아주 놀라운 생일 선물
마르타 아스코나 글 |
로사 오수나 그림 | 고래이야기

마르셀의 생일에 선물을 들고 간 트리스탄. 트리스탄이 준비한 선물은 마르셀이 원하던 팽이가 아니라 커튼을 만들고 남은 천 조각이다. 원하던 선물을 받지 못해 처음에는 실망을 했지만 천 조각 하나로 하루 종일 신나게 놀고 난 마르셀은 트리스탄에게 진심으로 고마워한다.

이 그림책은 하찮은 작은 천 조각 하나로도 많은 놀이를 할 수 있다는 걸 보여 준다. 그리고 마지막 장면에 나오는 예상치 못한 반전은 앞의 그림들을 자세히 살펴봐야 알 수 있다. 누군가가 하루 종일 마르셀과 트리스탄을 지켜보고 있었기 때문이다.

《아주 놀라운 생일 선물》은 책장을 넘길 때마다 놀라움과 웃음을 선물해 준다. 선물이란 무엇인지, 또 좋은 선물이란 어떤 것인지 깨닫게 해 주는 따뜻한 그림책이다.

  이 그림책의 그림을 그린 로사 오수나는 주로 수채화 물감과 색연필을 사용하여 그림을 그린다. 이 책에서는 수채화와 색연필 외에도 천을 사용했다. 그는 그동안 몸에 밴 화법에서 벗어나기 위해 오른손잡이지만 왼손으로 그림을 그린다고 한다. 그래서 그런지 그의 그림을 보고 있으면 따뜻한 느낌이 들어 가슴까지 훈훈해진다.

1. 그림책을 보기 전에
   - 여러분은 생일을 맞은 친구에게 어떤 선물을 해 주었나요?
   - 여러분이 받은 생일 선물 중에 이 책의 제목처럼 아주 놀라운 선물이 있었나요?
   - 책 표지에 있는 빨간 상자 안에는 무엇이 들어 있을까요?

2. 그림책을 보고 나서
   - 두 친구가 천으로 재미있게 노는 모습을 훔쳐보는 인물을 보았나요?
   - 좋은 선물이란 어떤 것이라고 생각하나요?

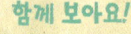

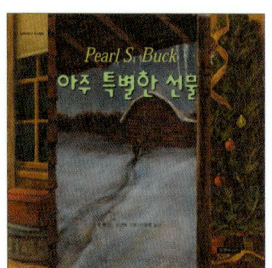

아주 특별한 선물
펄 벅 글 | 김근희 그림 | 길벗어린이

《대지(The Good Earth)》의 작가 펄 벅의 작품을 그림책으로 만든 것이다. 진정한 선물의 가치는 무엇인지를 따뜻한 유화 그림과 함께 감상할 수 있다.

선물과 편지로 고마움 전하기

- 한 해를 지내면서 고마웠던 사람에게 직접 만든 선물과 함께 편지를 써서 고마움을 전하는 활동을 해 봅시다.
- 대상은 친구, 선생님, 식구 등입니다.
- 선물은 직접 마든 동구미, 양초, 펠트 천으로 꾸민 볼펜 등으로 하겠습니다.

양초 만들기 방법

준비물 : 가스레인지, 냄비, 양초(1인당 두 개), 종이컵(1인당 두 개), 크레파스, 한지, 다리미, 나무젓가락, 사인펜 등

① 가스 불 위에 못 쓰는 냄비를 올리고 흰 양초를 넣어 녹인다.
② 다 녹으면 양초 심을 나무젓가락으로 선셔 신문지 위에 펼쳐 놓는다.
③ 녹은 양초가 식는 동안 종이컵에 원하는 색깔의 크레파스를 칼로 긁어서 갈아 넣는다.
④ 초가 어느 정도 식으면 종이컵을 두 개 겹치고(뜨거움 방지) 안에 녹은 양초를 붓고 크레파스가 잘 녹도록 젓가락으로 저어 준다.
⑤ 양초 심지를 곧게 펴서 종이컵의 양초가 굳기 전에 꽂는다. (너무 일찍 꽂으면 가운데가 화산 분화구처럼 내려앉음.)
⑥ 완전히 굳으면 종이컵을 떼어 낸다.
⑦ 한지에 쓰고 싶은 말을 사인펜으로 쓰고 잘라 다리미의 약한 열로 양초에 다려 붙인다. (다리미의 열이 초를 녹이면서 한지가 초에 붙음.)

양초 만들기를 하고 쓴 소감문과 편지글

고마워~

채원이에게 정성들여 만든 초를 주었다. 채원이는 1년 내내 나에게 친절히 대해 주었고 짜증 한 번 내지 않아 양초를 주었다. 줄 때 굉장히 어설펐다. 화장실에서 나오는 채원이에게 "채원아, 받아!" 하고 아무 말 없이 그냥 줘 버렸다. 내가 생각해도 "이건 아니잖아! 좀 멋지게 해야 하는데!" 점심시간에 진식이

아이들이 만든 초

가 내가 준 초를 만지고 있기에 채원이 자리로 가 보았다. 그때 채원이가 고맙다면서 나를 안아 주었다! 포옹을 받아 무척 따뜻하고 좋았다. 그리고 채원이가 예쁜 눈웃음을 날려 주었다. 이 작은 초 하나로 둘의 사이가 가까워진 것 같아 행복하다. 집에서도 양초를 만들어 고마운 사람들에게 선물해야겠다.

-장소연

눈웃음이 예쁜 채원이에게

안녕, 채원아? 난 소연이야. 이제 벌써 방학이네! 난 방학이 되면 집에 처박혀 있어. 너는 겨울방학 동안 무엇을 하며 지내니? 참, 너가 이 양초 진곤이한테 주라고 했잖아. 그런데 생각해 보니까 채원이 너가 더 고마웠던 것 같아. 내가 울 때 위로도 해 주었고, 밥 먹

을 때 늘 "맛있게 먹어" 하며 웃어 주었잖니! 6학년 가서도 절대 못 잊을 것 같아. 아

참, 이건 절대 비밀인데 남자애들, 여자애들한테 말하지 말고 너만 알고 있어. 내 친구가 우리 반에서 제일 예쁜 애가 누구냐고 물어봤어. 나는 너라고 말했어. 진심이거든. 우리 6학년 돼도 친하게 지내자. 안녕.

- 너에게 고마운 게 많은 소연이가

12월 22일은 특별한 날!

오늘은 엄마, 아빠의 결혼기념일이다. 난 고마운 엄마 아빠에게 전하기로 했다. 집에 돌아오자마자 편지와 초를 서랍장에 숨겨 놓았다. 학교 가기 전에 엄마 아빠에게 "결혼기념일 축하해요."라고 문자를 보냈다. 드디어 밤이 되고 난 엄마에게 선물을 전했다. "엄마! 선생님하고 같이 만든 예쁜 초예요. 그리고 이건 편지예요."라고 말했다. 엄마는 입이 귀에 걸리신 것 같았다. 편지는 아빠가 내일 오시면 같이 읽어 보신다고 하셨다. 엄마는 초를 몇 번이나 들여다보며 감탄사를 끊이지 않았다.

- 한혜성

초와 편지 그리고 고마움의 힘!

수학 학원 선생님이 가장 고맙다. 처음 학원에 갔을 때 무척 친절하게 대해 주셨기 때문이다. 편지에 2008년 동안 고마웠던 것들을 쓰고 앞으로도 잘하겠다고 썼다. 학원 선생님한테 어떻게 전할지 참 고민이었다. 그런데 같은 학원에 다니는 혜성이가 "선생님, 예림이가 선생님 드리려고 초랑 편지 가져왔대요."라고 말해 주었다. 선생님은 직접 만든 거라 더 좋아하셨다. "고마워요~ 선생님이 저녁에 이거 켜고 아들과 진솔한 대화를 나눠 볼게요."라고 말하셨다. 그때 정연정이라는 아이가 "왜 아들이랑 나눠요! 남편이랑 나눠야지!" 해서 수업도 재미있게 시작할 수 있었다.

- 우예림

편지와 초를 들고 있는 예림이

펠트 천으로 장식 볼펜 만들기

둥구미 만들기

셋
이웃 사랑 이웃사촌

책 이야기

이웃사촌
클로드 부종 글·그림 | 파랑새

가까운 곳에 구멍을 파서 집을 짓고 사는 갈색 토끼 브랭과 회색 토끼 그리주는 친구 사이다. 그러던 어느 날 둘은 다투게 되고, 급기야 담을 쌓고 부수면서 크게 싸운다. 그걸 지켜본 배고픈 여우. 이야기의 결말은 어떻게 될까?

이웃사촌이라는 말이 있다. 혼자 살 수 없는 세상에서, 함께 살 부비며 살아가는 이웃의 소중함을 빗댄 말이다. 그러나 우리는 가깝고 친하기 때문에 다 이해해 줄 거라 생각하고 함부로 대하는 경우가 있다. 가까이 지내다 보니 그 소중함을 모르는 것이다. 사소한 이기심으로 큰 손해를 본 후, 혹은 외부의 적이 나타난 다음에야 그 소중함을 깨닫는 어리석은 짓은 하지 말아야겠다.

경제적으로 어려울수록 사람들이 기부를 더 많이 한다고 한다. 12월의 그림책 주제인 감사와 고마움을 되새기며 우리 주변에 늘 함께하는 어려운 이웃을 생각하고, 도움을 주며 나누는 삶을 실천하면 좋겠다. 아이들과 함께 이 그림책을 보면서 이웃사촌의 진정한 의미란 무엇인지 이야기를 나눠 보면 좋을 듯 싶다.

1. 그림책을 보기 전에

- 문근영, 김장훈, 빌 게이츠, 워런 버핏의 사진을 함께 감상하고 인물들의 공통점을 찾아봅시다.

문근영　　김장훈　　빌 게이츠　　워런 버핏

2. 그림책을 보고 나서

- 브랭과 그리주가 다시 친구가 된 사연은 무엇입니까?
- 진정한 친구란 무엇일까요?

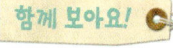

눈 오는 밤

닉 버터워스 글·그림 | 사계절

눈이 쏟아지는 추운 겨울 밤, 동물 친구들이 하나 둘 공원지기 퍼시 아저씨네 통나무집에 찾아온다. 마음씨 좋은 퍼시 아저씨는 동물 친구들을 다 재워 줄 수 있을까? 이웃과 함께 어려움을 이겨 내는 즐거움을 알려 주는 책이다.

 활동 이야기

'사랑의 열매' 사고 소감문 쓰기

- 12월은 감사와 고마움이라는 주제로 그림책을 읽고 활동을 합니다. 첫 주는 '안아주세요', 둘째 주는 '선물 만들어 전하기'였습니다. 셋째 주는 이웃을 위해 '사랑의 열매 사기' 활동입니다.
- 학교에서 연말에 이웃 돕기 활동으로 하는 '사랑의 열매'를 사고 소감문 쓰기를 해 봅시다.

이런 활동도 있어요!

◆ 알뜰 시장을 열고 얻은 수익금을 어려운 이웃들을 위해 기부하기

'사랑의 열매' 활동지

'사랑의 열매' 사고 소감문 쓰기

이름:

이웃을 위해 따뜻한 마음을 담아 사랑의 열매를 산 사람은 얼마를 내서 샀고, 돈을 어디서 구했으며, 이런 활동에 대해 어떻게 생각하는지 적어 주세요. 만약 못 산 사람은 그 이유가 무엇이고, 어떠한 생각이 드는지 적어 보세요.

제목:

사랑의 열매를 산 소감문

이웃

이웃사촌을 위해서 사랑의 열매를 사서 걸고 다니면 좋은데 엄마는 집에 많이 있다고 사지 말라고 하신다. 사지 않으니 왠지 마음에 걸린다. 내일도 판다면 내 용돈으로라도 사겠다. 이번에는 천 원을 내고 사겠지만 내년에도 한다면 더 많은 돈으로 열매를 사서 사랑을 나눌 것이다.

- 이민주

사랑의 열매

오늘 사랑의 열매를 판다고 한다. 나는 오늘 모르고 돈을 못 가져왔다. 내일까지라고 하니 돈을 가져와서 사랑의 열매를 사야겠다. 이웃과 함께 잘 살기 위해 이런 운동을 벌이는 것 같다.

- 이빈아

사랑의 열매

난 어제 섣불리 책을 사는 바람에 사랑의 열매 살 돈을 다 써 버렸다. 크리스마스실도 사지 못했다. 6학년 때는 꼭 살 것이다. 사람들이 천 원짜리 사랑의 열매도 못 샀다고 날 비웃지(?) 않으면 좋겠다.

- 주현진

사랑의 열매의 의미

나는 천 원을 냈다. 내 용돈으로 냈다. 비록 적은 돈이지만 쓸모가 있으면 좋겠다. 시험 잘 봐서 받은 돈이다. 도와주는 일은 보람이 있다. 사랑의 열매의 의미는 '도와주자'라는 것 같다. 정말로 뿌듯했다.

- 정예린

나눔요

매년 이걸 샀다. 그런데 올해는 엄마가 사지 못하게 했다. "집에 엄청 많잖아. 사 봤자 돈만 아까운데."라며 돈을 안 주셨다. 왜 돈이 아깝다고 하는지 모르겠다. 이건 대통령도 하고 친구들도 한다. 멋으로 달고 다니는 게 아니라 '나는 불쌍한 사람을 도와주었어요.'라는 뜻인데 말이다. 그러니 돈이 아깝다고는 할 수 없다.

— 이정아

천 원으로 자신의 행복을 찾는다

이천 원을 내려고 했는데 오천 원짜리와 천 원짜리밖에 없어서 학교에 천오백 원을 갖고 왔다. 하지만 천 원밖에 못 냈다. 천 원이지만 불우 이웃을 도우니 시험 잘 봐서 얻는 행복과는 다른 행복을 느꼈다. 마음 한쪽이 단돈 천 원으로 따뜻해져서 행복했다. 다음엔 용돈을 허무하게 쓰지 않고 이런 데에 써야겠다.

— 김나윤

적은 돈

천 원을 내서 샀다. 어디서 구했냐면 엄마가 용돈을 주고 남은 돈이 있어서 가시고 온 것이다. 이런 활동이 자주 있으면 좋겠다. 불우 이웃 돕기를 하면 왠지 마음이 따뜻하게 전해 오는 것 같아서다. 우리 집도 잘살진 않지만 그래도 우리보다 더 못사는 사람한테 주는 것이니 아깝지 않다.

— 장윤이

사랑은 나눔을 타고

나는 사지 못했다. 나누고 싶었지만 돈이 없었다. 그래서 엄마에게도 구해 보았지만 엄마도 없다고 하신다. 비록 나는 못 나눴지만 다른 사람들은 나눴을 것이라고 생각한다. 사랑은 나눔을 타고. 우리는 풍족하게 살고 있다. 하지만 조금 눈을 크게 떠 우리 이웃을 보자. 잘사는 사람도 있지만 못사는 사람도 있다. 그 사람들을 무시하지 말고 도와주어야겠다. 나도 다음번엔 꼭 나눔을 실천할 것이다.

— 권고은

넷
우정의 고리

행복을 전하는 편지
안소니 프랑크 글 |
티파니 비키 그림 | 시공주니어

울적해 하던 들쥐는 편지 한 통을 받는다. 편지에는 "넌 정말 특별한 친구야. 너같이 멋진 친구를 둔 나는 얼마나 행복한지 몰라. 사랑해!"라고 적혀 있는데, 누가 보냈는지 이름이 없다. 누가 보냈는지 알 수 없어 여기저기 묻고 다니는 들쥐를 따라가다 보면 점점 이야기 속으로 빠져들게 된다.

들쥐에게 온 '노란색 편지 한 통'은 들쥐의 삶을 변화시킨다. 들쥐는 누가 편지를 보냈는지 알아내기 위해 친구들을 하나씩 방문하면서 그동안 친구들에게 얼마나 무심했는지 알게 된다. 자신을 특별한 존재로 느끼게 된 들쥐는 심통 맞고 외롭게 지내는 박쥐를 위해 파티를 준비하고 그에게 또 다른 행운의 편지를 보낸다.

들쥐를 변화시킨 것은 우정의 힘이다. 그리고 그것은 친구가 보낸 행운의 편지에서 나왔다. 이 책을 통해 서로 어울려 살아야 하고, 받은 만큼 베풀어야 한다는 진리를 깨닫게 된다. 행복을 전하는 편지와 고마움을 전하는 편지, 미안함을 전하는 편지는 크게 다르지 않을 것이다. 우리 주변에 외로운 친구가 있다면 그 친구에게 행운을 담은 편지를 보내는 건 어떨까.

1. 그림책을 보기 전에

- '행복을 전하는 편지'가 제목인데 그 편지에는 무슨 내용이 있을까요?
- 여러분은 어떤 내용의 편지를 받으면 행복해질까요?
- 여러분이 친구에게 행복을 전하는 편지를 쓴다면 어떤 말을 할 수 있을까요?

2. 그림책을 보고 나서

- 우울했던 들쥐는 노란색 편지를 받았을 때 어떤 기분이 들었을까요?
- 누군지도 모르는 이에게 이런 편지를 받는다면 어떤 느낌이 들까요?
- 들쥐가 깨끗하게 단장하고 집을 나선 힘은 어디에서 나왔을까요?
- 박쥐의 모습을 본 들쥐는 어떤 생각이 들었을까요?
- 진정한 우정은 무엇인지 생각하고 이야기해 봅시다.

 함께 보아요!

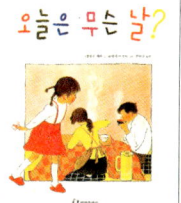

오늘은 무슨 날?

테이지 세타 글 | 하야시 아키코 그림 | 한림출판사

부모님의 열 번째 결혼기념일을 축하해 주기 위해 슬기가 숨겨 놓은 열 통의 쪽지 편지. 쪽지를 하나씩 찾아가는 엄마의 얼굴엔 웃음이 번지고……. 쪽지 열 장을 맞춰 놓았을 때 비로소 오늘이 무슨 날인지 밝혀진다.

행복을 전하는 손바닥 편지 쓰기

- 우리도 행복을 전하는 편지를 써 보려고 합니다. 고마움이나 미안함을 전할 때는 손을 잡고 하지요? 그래서 손바닥을 본뜬 모양의 편지지에 그동안 시간과 기회가 없어서 못했던 이야기를 쓰면 좋겠어요.
- 행복을 전할 수도 있고 미안함, 고마움을 전할 수도 있어요. 손바닥의 따뜻함을 담는다면 그 무엇이든 행복으로 바뀔지도 몰라요.
- 1년을 함께한 고마운 친구에게 보내는 편지를 손바닥 모양에 4통 정도 씁니다. 손바닥 편지를 다 쓰면 친구의 책상에 배달합니다.
- 편지를 받고 나면 답장을 할 거예요. 한 손바닥에 한 명에게만 쓰세요. 답장은 색종이 반 정도의 크기에 쪽지 편지로 쓰도록 해요.

손바닥 편지 쓰기

이사 가는 준영에게

준영아 안녕? 나 하은이야. 네가 이사 간다고 해서 정말 놀랐어. 하지만 더 늦게 간다니 조금 더 같이 보낼 수 있는 시간이 있어서 좋네. 저번에 내가 계단에서 넘어지고 너를 때렸을 때 미안했어. 사과할게. 이사 가서도 잘 살고. 안녕~

➡ 바느질의 신 하은이에게

    하은아! 안녕? 나 준영이야. 니가 써 준 손바닥 편지 잘 받았어! 네가 나를 이렇게나 걱정하다니 감동 먹었어. 하은아! 고마워! 그리고 계단에서 일 말인데…… 나도 잘못이 커! 미안! 바느질하는 것에 대하여 알려 주어서 정말 고마워! 바느질의 신이시여!

학습지 사건

민지야! 나 예림이야. 내가 이걸 말해도 넌 생각이 안 날 수도 있을 것 같아. 학기 초에 별로 친하지 않았을 때 네가 나에게 시험 시간 전에 요점 정리한 조그마한 학습지를 주었잖니! 무척 고마웠어. 착하고 재미있는 너와 단짝이 되어서 무척 기뻐!

➡ 날 착하다고 해 준 인심 많은 예림이에게

    나 민지야! 편지, 잘 받았어. 그리고 나 그 일 기억해! 사실 나 너랑 친해지고 싶어서 그 학습지 준 거야. 그래서 너랑 이렇게 친해지게 된 거고. 앞으로도 세상에서 가장 친한 절친이 되자!

수정이에게

수정아, 안녕! 나 은희. 내가 편지를 써서 어리둥절할 거야. 하지만 놀라지 말고 내 편지를 잘 읽어 줘. 요즘에 내가 너를 좀 괴롭히잖아. 너에게 사과하려고. 미안해. 그런데 나도 이유가 있어서 그랬어. 네가 수진이랑 소영이랑만 놀아서. 나도 거기에 끼고 싶었어. 내가 너랑 친해지고 싶어서 그렇게 한 건데……. 네가 그렇게 받아들이지 못했다면 그건 진심으로 사과할게. 하지만 나도 하나만 부탁할게. 내가 너한테 가면 좀 저리가란 소리 좀 하지 말아 줘.

◉ 은희에게

은희야, 너의 마음을 알아주지 못해 미안해. 나는 네가 날 괴롭히는 줄 알았어. 앞으론 친하게 지내자.

다 쓴 손바닥 편지

다 쓴 답장 　　　　다 쓴 답장 　　　　답장 읽기

그림책 읽는 즐거운 교실 1
알찬 삶을 가꾸는 그림책 수업 이야기

지은이 | 전국초등국어교과모임

초판 1쇄 발행일 2009년 11월 1일
개정판 1쇄 발행일 2013년 11월 11일
개정판 7쇄 발행일 2019년 6월 17일

발행인 | 김학원
편집주간 | 김민기 황서현
기획 | 문성환 박상경 임은선 김보희 최윤영 전두현 최인영 정민애 김주원 이문경 임재희 이화령
디자인 | 김태형 유주현 구현석 박인규 한예슬
마케팅 | 김창규 김한밀 윤민영 김규빈 김수아 송희진
제작 | 이정수
저자·독자 서비스 | 조다영 윤경희 이현주 이령은(humanist@humanistbooks.com)
스캔·출력 | 이희수 com.
용지 | 화인페이퍼
인쇄 | 청아디앤피
제본 | 정민문화사

발행처 | (주)휴머니스트 출판그룹
출판등록 | 제313-2007-000007호(2007년 1월 5일)
주소 | (03991) 서울시 마포구 동교로23길 76(연남동)
전화 | 02-335-4422 팩스 | 02-334-3427
홈페이지 | www.humanistbooks.com

ⓒ 전국초등국어교과모임, 2013

ISBN 978-89-5862-663-3 04370
ISBN 978-89-5862-662-6 (세트)

만든 사람들

편집주간 | 황서현
기획 | 문성환(msh2001@humanistbooks.com)
디자인 | 최우영
일러스트 | 박세연

● 이 도서의 국립중앙도서관 출판시도서목록(CIP)은 서지정보유통지원시스템 홈페이지(http://seoji.nl.go.kr)와 국가자료공동목록시스템(http://www.nl.go.kr/kolisnet)에서 이용하실 수 있습니다.(CIP제어번호: CIP2013021909)
● 이 책은 저작권법에 따라 보호받는 저작물이므로 무단전재와 무단복제를 금합니다. 이 책의 전부 또는 일부를 이용하려면 반드시 저자와 (주)휴머니스트 출판그룹의 동의를 받아야 합니다.